人生に、
上下も勝ち負けもありません。

焦りや不安がどうでもよくなる「老子の言葉」

野村総一郎

nbb
日経ビジネス人文庫

ようこそ
ここは、上下も勝ち負けもない世界。

強いも　弱いも
幸せも　不幸も
かっこいいも　かっこ悪いも
老いも　若いも
美しいも　醜いも
お金があるも　お金がないも
デキるも　デキないも
すごいも　すごくないも
賢いも　賢くないも
どうでもいい世界。

は？

どうでもいい？　ありえない！

だって、この現実社会、

どう考えても上下も勝ち負けもあるじゃないか。

そんなの、ただのまやかしだ。

「みんな揃ってゴールしよう」みたいな、

おかしな平和主義のこと言ってんのか？

きれい事言うのもいい加減にしなさい。

だいたいね……。

あっ、そうですか？
本当にそっちがいいなら、無理強いはしません。

何を選んでも、
間違いなんてありませんから。

この先も、読んでも、読まなくても、どっちでも。

はじめに◎思い込みをやめる「ジャッジフリー」の考え方

はじめまして。野村総一郎と申します。

詳しい経歴は「おわりに」にゆずりますが、ごく簡単に話しますと、私は精神科医として45年間、延べ10万人以上の患者さんと向き合ってきました。そのなかには、

・自分は能力が低く、誰にも評価されない
・あの人はズルくて要領がいいのに、自分は不器用で損ばかりしている
・友人たちは充実した生活を送っていて妬《ねた》ましい

といった思いを抱えた人たちがたくさんいました。

そうした悩みや不安の根本的な原因はいったいどこにあるのでしょう?

大きな原因のひとつは**「いつも他人と比べてしまっている」**ところにあると私は考

えています。「他人と自分」の関係に悩み、過分に苦しめられているのです。

この悩みに対して、とても有効な方法がひとつあります。

それは**「ジャッジフリー」という思考を取り入れる**こと。

「ジャッジフリー」ってどういうこと？　と思われる方も多いでしょう。

「ジャッジ」とは「判定する」「判断を下す」という意味の言葉。

さらに言うなら「何が正しいのかを決める」という意味合いを含んでいます。

この**「ジャッジすることを意識的にやめる」**のが「ジャッジフリー」の思考です。


じつは私たちはさまざまな局面で「ジャッジ」をほとんど無意識にしています。

優劣をつけ、勝ち負けを意識し、上に見たり下に見たりしているのです。

・お金がある人は幸せ。ない人は不幸。

・顔がいい人は幸せ。そうでない人は不幸。
・仕事で評価されている人は偉い。されていない人はダメ。
・友人が多い人は素敵。少ない人は寂しい。
・話が上手な人はかっこいい。口べたな人はかっこ悪い。

数え上げればキリがないほど、世の中は「ジャッジ」に溢れています。精神科のクリニックにも、こうした「ジャッジ」に苦しんでいる人がたくさん訪れます。

そんなとき私は患者さんたちに**「自分で勝手に優劣をつけてしまっているだけではありませんか?」**と問いかけ、「その行為をしている事実」をまず理解してもらうよう努めます。

そして「ジャッジしないことの大切さ」をていねいにお話ししていきます。

「ジャッジフリー」はじつは私の造語なのですが、よくストレスのない生活を「ストレスフリー」と言うでしょう。そのストレスを生み出している原因のひとつが「ジャッジ」です。ですから、ストレスフリーを目指すなら、まず「ジャッジフリー」から始めてみてほしいのです。

ただ、この考え方自体は私のオリジナルではありません。

じつはこれ、**古代中国の思想家・老子《ろうし》のメッセージ**なのです。

2500年の時を超えてきた、老子の言葉

老子と聞くと「名前くらいは知ってるけど、何をした人だっけ……」という方も多いのではないでしょうか。

諸説ありますが、老子は紀元前8世紀頃の中国、春秋戦国時代と呼ばれる動乱期に活躍したと言われる思想家です。しかし、その出生も、実在したかどうかさえ謎に包まれている、とても神秘的な存在です。

そんな不思議な人物の言葉が2500年の時を超え、国をも超えて、今なお多くの人の心に影響を与え続けている。

考えてみるとてもすごいことです。

それだけ各時代の人たちが「これをまとめて後世に伝えなければ！」と強い思いを持ち、継承してきたわけです。ある意味**「真理」である証拠**とも言えるでしょう。

では、老子はどのような言葉やメッセージを残しているのでしょうか。

たとえば、こんな一節があります。

琭琭《ろくろく》として玉の如《ごと》く、珞珞《らくらく》として石の如きを欲せず。

［現代語訳］

ダイヤモンドのような存在になったらなったで、それもいい。石ころのような存在になったのなら、それもまたいい。

それが自然の姿なら、受け入れて、ただ生きていくだけ。

そもそも「何かになりたい」「なりたくない」ではなく、自然のままでいいじゃないか。ダイヤモンドと石ころに優劣をつけて、ジャッジしたりはしないよ、というスタンスを老子は説いています。

老子に言わせれば、世の中にある物事についていちいち**「よい、悪い」「偉い、偉くない」「すごい、すごくない」とジャッジすること自体がおかしい**というわけです。

これを老子は**「無為《むい》」**という概念で説明しています。

どんな存在でも自然のままにいれば、ただそれだけでいい。わざとらしいことをせず、自然に振る舞えということ。これこそ「ジャッジフリー」の思想です。

精神科医として現場で感じた「老子哲学」の効果

私は精神科医ですから、カウンセリングをしたり、薬を処方したりするなど医療的対処で、これまで多くの患者さんと向き合ってきました。しかし、ときにそうしたアプローチより「老子の教え」が効くことがありました。

ある日、患者さんにポロッと老子の言葉を話したところ、泣き出してしまったのです。

ここで言う「効く」とは、その人に**生きる希望を与えたり、自らの環境や境遇の捉え方を変える大きな気づきを与えたりする**ことです。

もちろん私も最初から「老子の言葉がうつ病に効くだろう」と思っていたわけではありません。患者さんと向き合っている過程で、私が好んで読んでいた老子の言葉をたまたま紹介したら、それがすごく心に刺さり、実際に症状がよくなっていく人がいる。そんなケースを何度も経験することになったのです。

こうした現場体験を積み重ねていくと「老子の言葉が『心に効く』合理的な理由があるのではないか」と考えずにはいられません。

近年の精神療法では、認知行動療法、対人関係療法に代表される西洋由来の技法が重要視され、その効果が広く認められています。

もちろん、その価値は揺るぎませんが、一方で西洋的な精神療法が先進的であればあるほど「それに適応しにくい」と感じるケースも出てきます。

考えてみれば当然の話で、そもそもヨーロッパやアメリカと日本やアジアを比べれば、文化や価値観、思想などさまざまな違いがあります。

西洋はどちらかというと合理的で、父性的。かつてオバマ元大統領が強くメッセージした「CHANGE」のように「変わらなければならない」という思想が強いでしょう。一方、**東洋のほうは母性的な「なんとかなるさ」といった思想が強く、ある意味では「甘え」を許し、肯定してくれる。**そんなイメージがあります。一概には言えませんが、こうした傾向があるように私は感じます。

ここ何十年かのうちに、日本人の文化や価値観はかなり欧米化し、ライフスタイルも欧米に近づいたのは事実でしょう。

しかし、根底には日本人ならではの感じ方や考え方がありますし、西洋の文化、文明とは異なる「東洋の価値観や思想」が当然あるわけです。

「心」の領域を扱う精神医療において、やはりそこを見過ごすことはできません。

意義や効果が証明されている西洋由来の医療にも、やはり**「日本らしいカスタマイズ」**や**「東洋思想に見合ったアプローチ」がどうしたって必要**なのです。

そのアプローチのひとつとして期待されるのが老子哲学。私はそう捉えています。

●元気なときの孔子、いまいちなときの老子

老子が活躍した古代中国の春秋戦国時代はまさに動乱期。さまざまな価値観、思想が噴出した時代でもありました。

その時代を代表する思想家が孔子《こうし》と老子です。

似たような名前ですが、考え方は正反対と言ってもいいくらい違っています。

ふたりを対比した表現に**「上り坂の儒家《じゅか》、下り坂の老荘《ろうそう》」**という言葉があるほどです。

「儒家」とは儒教、孔子の教えであり、「老荘」とは老子哲学のこと。

「老荘」の「老」とは老子のことで、「荘」は同じく古代中国の思想家「荘子《そうし》」を指します。荘子は老子哲学を継承しているので、広い意味で「老荘＝老子哲学」と言っ

て差し支えないと思います。

孔子の教え、すなわち『論語』は社会のなかで生きる術《すべ》を書いたものです。礼儀を重んじ、自らを厳しく戒めるような思想です。

一方、**老子はそんな社会の外側に立って「まあまあ、それでいいじゃないか」という考え方**なのです。


ですから、人生が上り坂でイケイケのとき、物事がうまく運んでいるときは孔子の教えに従って、厳しめに自らを律していくとよい。

しかし、**人生が下り坂でいまいち元気がない。そんなふうに行き詰まっているときは、老子特有の「ゆるさ」や「自由気ままさ」に寄り添ってみてはどうか。**

それが「上り坂の儒家、下り坂の老荘」の意味でしょう。

もし今、あなたの人生が上り坂の時期だとしたら、今すぐ本書を閉じ、『論語』を読み始めることをおすすめします。

一方、もうひとつ元気がない、今の境遇をなんとかしたいと悩み、苦しんでいるとしたら、ぜひ本書の続きを読み進めてみてください。

悩める人が陥りやすい「4つの心的傾向」

そもそも人はどんな種類の「心の問題」を抱えてしまうのでしょうか。よく見られる心の傾向は次の4つに分類することができます。ちなみに、これはうつ病の心理特性を表したものです。

①自分は弱い＝劣等意識
②自分は損をしている＝被害者意識
③自分は完璧であるべきだがむずかしい＝完璧主義
④自分のペースにこだわる＝執着主義

これを踏まえて、老子哲学の要諦を私なりにまとめてみると、おもしろいくらいこれらの心的傾向に対応していることがわかります。

①劣等意識

「自分は弱い」「ダメな人間だ」「あの人はすごいのに、自分には何もとりえがない」というのはとてもよくある心的傾向です。こうした劣等意識は、自分の内側に向けられた感情と表現することができるでしょう。

しかし、老子は**「強い者が勝つ、弱い者が負けるというのは思い込み」**、そんな思想を語っています。優劣の発想そのものが「思い込み」と老子は捉えているのです。

②被害者意識

「あいつはズルくて要領がいいから得をするが、自分はいつも割を食っている」といった、いわゆる被害者意識は自分の外側に向けられた感情と表現できます。①の劣等意識と②の被害者意識を同時に持っている人もけっこう多いと思います。

しかし、いずれにしても老子はさまざまな言葉のなかで**「多くを望まなくていい」**というメッセージを発しています。損得勘定による被害者意識は「知らず知らずのうちに多くを望んでいる自分自身が生み出している」のかもしれません。無意識に多くを望んでしまっている人にとって、とても大切なメッセージではないでしょうか。

③完璧主義

「自分は完璧でなければならない」「こう、あらねばならない」という完璧主義もよくある傾向のひとつです。

「完璧を求めること」自体は、必ずしも悪いわけではありません。その向上心がいいほうへ向かえば、仕事や生活のクオリティを高めることもあるでしょう。

ただしそれが自分を追い詰めてしまう、となると問題が起こってきます。

その結果として「自分はダメな人間だ」という①の劣等意識につながることももちろんあります。

しかし、老子は**「所詮、価値は相対的なもの。絶対的な価値基準など存在しない」**

と説いています。完全無欠の「完璧なもの」などあり得ない。完璧につくられた作品も時代や場所が変われば、その価値はあっさりと変わってしまいます。そんな「不確かな完璧」を追い求めるなんてナンセンス。そんな真理を老子は教えてくれます。

④執着主義

③の完璧主義と似ているようで、少し違う心的傾向に「執着主義」「こだわり主義」があります。

自分の考えや価値観に固執するあまり、自分と異なる考え方を受け入れることができない。その結果、孤立してしまったり、人間関係のトラブル、ストレスを抱えてしまったりするパターンです。

しかし老子は**「自然のまま、流れに任せて生きるのがいい」**と語ります。

「こだわりを持ってもいいし、持たなくてもいい」「孤独になってもいいし、多くの人と関わってもいい」。そんなことに右往左往するのではなく、ただ自然のままに生きていけばいい。

「こだわりを持つな！」「もっと他人を受け入れよう！」と言わないところがじつに老子らしいところ。まさにジャッジフリーを感じさせる思想ではないでしょうか。

いずれにしても、まず「自分はどういう心的傾向を持っているのか」を知るだけでも、何かしらの対処をする一助になります。そういう意味でも、この4つを覚えておくのはいいと思います。

私は精神科医として、4つの心的傾向を（極端に）持つ人たちと日々向き合ってきましたが、こうした人たちにも「老子哲学」が何かしらのきっかけとなり、気づきを与える可能性があると現場を通して強く感じてきました。

老子哲学は、ある意味では**「弱さを承認する思想」**ですから、「甘えを認める哲学」と取られかねないところがあるのも事実です。

でも、それならそれで、ときにはいいじゃないですか。

今という、いささか窮屈な時代を生きるには老荘思想のような、**ちょっと肩の力を**

抜いて「抜け道をひょうひょうと進んでいく」ような心持ちがむしろ武器になるとすら思うのです。そんな伸びやかな「老子の世界」を少しでも味わってみてください。

最後に、本書は2019年に刊行した『人生に、上下も勝ち負けもありません』（文響社）を文庫化したものです。時代に合わせて新たな項目を入れ込み、再構成をしています。SNS（交流サイト）などの普及もあり他者と自分を比較する局面が増え、さらに窮屈さを増した今、老子の教えがいっそう必要とされるに違いありません。

多くの方の「心の処方箋」となることができれば著者として望外の喜びです。

野村総一郎

「ジャッジフリー」になるために 35の思考をインストールしよう

本書では「35の老子の言葉」を取り上げ「ジャッジフリー」の考え方をご紹介していきます。

老子の言葉は自由で伸びやかで、力が抜けたものが多いですが、とはいえ元は漢文なので、やや解釈がむずかしいところもあります。

それを医学的というわけではありませんが、精神科医の私なりに「意訳」ならぬ「医訳」をして、ゆるやかに解釈したのが本書の特徴です。

みなさんが日々の生活のなかで「くよくよ」「イライラ」「がっくり」きたとき、すぐに老子の言葉を思い出していただけるよう、あえて「35の思考」という形で概念化しました。

そのため本来の言葉に対して、やや拡大解釈と思われるような表現もあるかもしれません。しかし、これはあくまでも老子の言葉をただその場で読んで終わらせず、自分のものとするための一策です。

これを老子が咎《とが》めるでしょうか。

きっと咎めはしないでしょう。「まあ、それもいいんじゃない」とあさってのほうを向いて、風に吹かれているのではないでしょうか。

どうぞみなさんにも老子的な懐の深さでご容赦いただければ幸いです。

人生に、上下も勝ち負けもありません。目次

第1章 つい、人と比較してしまうときの処方箋

第2章 つい、がんばりすぎてしまうときの処方箋

第3章 自分がイヤになったときの処方箋

第4章 なんだか思い通りにいかないときの処方箋

企画協力◎岩下賢作
編集協力◎イイダテツヤ
校正◎内田翔

第1章

つい、人と比較してしまうときの処方箋

1 他人が気になったら
——鏡の思考

人はどうしたって勝ち負けにこだわってしまうものです。

「あいつは起業して成功した勝ち組だけど、自分は負け組だ」

「あの人は私より学歴が高い。負けた」などなど。

たしかに社会という枠組みでは、結果に左右されることも多いでしょう。

競争することで生み出されてきたものもたくさんありますし、「勝負して、成長できてよかった」と感じることだってあるでしょう。

しかし「勝ち負け」が当たり前になってしまうと、競争心に駆られ、いつも他人と戦い続け、疲弊してしまいます。

もしかしたら、あなたにも、

「つい、あの人の動向が気になってしまう」

「あの人が活躍している姿を見ると、微妙に心がザワザワする」

ということがあるかもしれません。

自分らしく自分のペースで歩んでいければいいのですが、なかなかむずかしいものです。そんなときは「鏡」のことを考えてみてください。

鏡の思考

おっとあぶない、自分、自分。

老子の言葉

人に勝つ者は
力有《あ》り。
自ら勝つ者は
強し。

医訳

人に勝つ人というのは
力(権力、経済力、腕力)がある。
しかし、本当に強いのは
「自分の弱さに勝つ人」だ。

これは「勝負にこだわり、他人に囚《とら》われてしまう方」にぜひ知っていただきたい言葉です。

もちろん勝負が好きな方なら、そのまま勝負し続けるのもいいと思います。

勝てばうれしいし、負けても次へのチャンスだと思ってさらにがんばれる。

それはそれで素晴らしいこと。

それこそ「上り坂の儒家、下り坂の老荘」です。

でも、もし今のあなたが「あいつより上に行かなければ」「自分は人生の負け組だ」といったプレッシャーや劣等感で押しつぶされそうになっているとしたら、この言葉を思い出してください。

あなたが「勝ち組」と捉えている人は本当の意味で「強い」のでしょうか。

単に権力があったり、お金があったり、人脈を持っている、弁が立つなど表面的な「力」によって人に勝っているだけではないでしょうか。

そして、**あなたが本当に成し遂げたいのは「他人に勝つこと」でしょうか。**

他人に勝つよりずっとむずかしいのは自分に勝つことです。自分の弱さを見つめ、自分の置かれた状況を知り、それに不満を持たず、欲を出すこともない。これができるのが「真の強さである」と老子は説いています。

「そうは言っても、やっぱり社会では他人に勝たないと始まらないよ」と思う方もいるでしょう。そう言いたくなる気持ちもわかります。

ただ、ここで問いかけたいのは「あなたは、その競争に参加しますか」ということです。**勝負にまみれた競争の世界で、これからも生きていきますか。**

いま一度、自分に問いかけてみてほしいのです。人と競いながら生きるかどうかは自分で選べるのですから。

そもそも「勝ち負け」という概念自体があやしいもので「上下」「高低」「美醜」など**の価値観はすべて相対的**だと老子は説いています。負けがあるから勝ちがある。勝ちがあるから負けがある。

では、どっちもなかったらどうでしょう。別に何事もない。ただ自然な状態があるだけです。

他人と自分を比べて「勝った」「負けた」と右往左往する前に、鏡を出して自分の顔をまっすぐ見つめてみてください。

競い合うとすれば、相手はその人。つまりあなた自身です。

日々、些細なことでもいいので**「昨日できなかったことに、今日はひとつでも挑戦する」**。そんな挑戦を続けていけば、自分に勝つ感覚がだんだんわかってきて「本当の強さ」を少しずつでも身につけていけます。

一流のスポーツ選手にしろ、ビジネスで本当に成功している人にしろ、いちばんの高みに到達するのは結局そういう人たちです。

まとめ

勝ち負けという概念自体、あやしいもの。
そんなものに振り回されず、他人に向いた視線を自分自身に向けてみる。

2

人の自慢が鼻についたら
――ナマケモノの思考

きっとあなたの周りにも「自慢が鼻につく」というタイプがひとりやふたりいるはずです。クリニックを訪れる患者さんにも「職場の同僚のアピール、自慢が我慢ならない」と話す人はたくさんいます。

「メディアで人気の○○という評論家は自分の親友だ」
「自分はこんなに仕事がデキる」
「私はみんなにすごく慕われていて、必要とされている」

そんなことをしつこいくらいアピールしてくる人もいて、じつにうっとうしい。それだけならまだしも、意外とそういう人が出世したり、評価されたりしているので我慢ならない。

なんだかモヤモヤしますよね。

そんなものはスルーすればいいのですが、それができず、どうしても気になって、ついつい考えてしまう。それが人の性というものでしょう。

そんなときは動物の「ナマケモノ」のことを考えてみてください。

ナマケモノの思考

あの人、また無理してがんばってるね。

自分を大きく見せようとしてるよ。

いやいや、すごいよね～。

老子の言葉

企《つまだ》つ者は立たず、
跨《また》ぐ者は行かず。
自《みずか》ら見《あら》わす者は
明らかならず、
自ら是《よし》とする者は
彰《あら》われず。
自ら伐《ほ》むる者は
功なく、
自ら矜《ほこ》る者は
長《ひさ》しからず。

医訳

つま先立ちで背伸びをしたって
長い時間は立てない。
大股で足を広げて歩いたって、
遠くには行けない。
自分の才能を見せびらかそうと
する者はかえって受けがよくない。
「自分の行動は正しい」と主張する者は
かえって正しいと思われない。
自分のことを鼻にかけて自慢する人は
うまくいかない。

ひとつはっきりしているのは、**真の実力や自信がない人ほど自分を大きく見せようと過度なアピールをする**ということ。

周囲の人たちもそれなりに大人なので「すごいですね」「さすがですね」と合わせてくれますが、その人の本質はやっぱりどこかで見抜かれているものです。

仮に過剰なアピールが奏功して評価につながったとしても、それも一時的なもの。遅かれ早かれメッキは剥がれてくるでしょう。

老子が言う通り「つま先立ちをずっと続けることなどできない」のです。

過剰なアピール、自慢をしている人を見たら「あの人、またつま先立ちでがんばってるなぁ」「無理して大股で歩いているけれど、いつまでももつかなぁ」と**冷ややかな目でやりすごしておけばいい**のです。

それで自分自身はといえば、「私はナマケモノですから……」というくらいの軽やかなスタンスで、自分のペースでやっていけばいい。

ナマケモノはその名の通り、活動量が極端に少ない動物だと言われています。一日のほとんどを木の上でゆっくり過ごし、食事量もほんのわずか。葉っぱや木の芽を食べますが、一日に8グラムほどしか食べなくても生きていけるそうです。そんなふうにほとんど動かないため、目立ちません。天敵にも見つかりにくく、餓死することもない。そんなやり方で厳しい自然界を生き抜いてきました。

なかなかユニークな生存戦略だと思いませんか。

派手に動き回って自分の活躍をアピールしまくる人生もあれば、ナマケモノのように「ほとんど何もしていないかのように生きる」のもまた人生です。

どちらがよくて、どちらが悪いということはありません。

それこそジャッジフリーです。

本当の意味で「幸せな人生を送れる人」とは自分のペースを知っている人。自分のペースで生きている人と言い換えてもいいでしょう。

ナマケモノがチーターと同じ速さで移動しようとしても物理的に無理があります。逆に、チーターが「目立ちたくない」「もっとのんびり生きたい」と思っても、それもなかなか叶わないでしょう。

それぞれが、それぞれのペースで生き残るために進化していった結果、今の形になったのです。どんな動物にも自分のペースがあります。

あなたにはあなたのペースがあって、あなたらしい生き方があります。

ちょっとくらい活躍しているからといって、過剰にアピールする人にあなた自身がイライラさせられ、ストレスを抱えるなんて、それこそバカらしいと思いませんか。

まとめ

自信や実力がない人ほどアピールしたがる。無理して自分を大きく見せようとしている人は、勝手に自滅していく。

3 人を妬ましく思ったら

――足湯の思考

同窓会に出てみたら、みんなが出世していて「○○部長」や「△△課長」など人を管理する立場になっていた。

一方、自分はいつまでたっても平社員。

いちばん下で情けない……。

そんな悩みをときどき耳にします。

たしかに同じ年の友人が先に出世したら、焦ったり、妬んだり、自分を情けなく感じることもあるでしょう。

出世だけでなく「自分で会社を立ち上げた」「大金を稼いでいる」「独立して自由な立場で活躍している」「やりたいことをやって楽しそうだ」なんて話を聞いて、妬ましく感じる場面はいくらでもあります。

近年はSNSの世界でも「あの人はフォロワーが1万人いる」「いつも『いいね』をたくさんもらっている」など妬ましく思うことはたくさんあります。

SNSには「自分はこんなにすごいんだぞ！」とアピールする人がいっぱいいるので、以前より何倍も、何十倍もの人が嫉妬心を抱いて、モヤモヤしているのではないでしょうか。

そんなときは「足湯」のことを考えてみてください。

足湯の思考

せいぜい気持ちよくなっていればいいさ。
どうせ僕のところに人は集まってくるんだから。

老子の言葉

江海《こうかい》の能《よ》く
百谷《ひゃっこく》の王と為《な》る
所以《ゆえん》の者は、
その善《よ》く
これに下《くだ》るを
以《もっ》てなり。
故《ゆえ》に能く
百谷の王と為る。

医訳

大海がいくつもの川や谷の水を集めて、
その王となっていられるのは
いちばん低いところにあるからだ。
高いところにいると人を安心させず、
人々は重さを感じる。
低いところにいるからこそ、
人は邪魔だと思わず、安らいでくれる。

人間ですから、誰だって自分の優秀さを発揮し、人より高い地位に立ったり、高い評価を得たいと思うもの。

しかし、本当に「上にいる人はすごい。下の人はダメ」なのでしょうか。

私はそうではないと思っています。

実際、かなり多くの人が「立派な人」「すごい人」より「気楽で、安らげる人」に魅力を感じているものです。

立派な人が相手だと、その人を見上げて「立派ですね」「すごいですね」とずっと言わなければなりません。そんなふうに顔を上に向けていたら、首は痛いし、肩もこる。気を遣って、ほとほと疲れてしまいます。

誰が、そんな「疲れる人」のそばにわざわざいたいと思うでしょうか。

ここで私がイメージするのは「足湯」です。

そもそも水は低いところに溜まります。足湯というのは、言ってしまえば低いところに溜まったお湯に過ぎません。ことさら人に賞賛されたり、崇《あが》められたりするものではありません。

でも、人はそんなところに安らぎや癒やしを求めて集まってきます。

じつは「人より上に立っていること」が自分のアイデンティティになってしまうのは怖いことです。**「肩書き」「立場」といった不確かなものによりかかると、それが取り外されたとき、自分が自分でなくなったかのような絶望を感じてしまう**からです。

しかも、いつも「その地位がおびやかされるのではないか」と心配になり、落ち着いていられません。

しかし、低いところに自分がいれば、それだけで人を安心させる効果があります。

もしかしたら、そんなふうに謙虚でいることで信頼を集め、人気者になったあなたに「リーダーになってほしい」「みんなの中心になってまとめてほしい」といった依頼が舞い込むかもしれません。

老子の別の教えに**「敢《あえ》て天下の先《さき》と為《な》らず、故《ゆえ》に能《よ》く器《き》の長《ちょう》を成《な》す」**というものがあります。「人々の先頭に立たないからこそ、リーダーになりうる」といった意味の言葉です。

武田信玄や明智光秀、織田信長や豊臣秀吉など戦乱期の武将たちは激しく戦い、人の上に立つことを目指しました。

しかし結局は「待ち」の一手を貫いた徳川家康が天下を平定し、長きにわたって世の中を治めることとなりました。

ガツガツと上に登っていくのもそれはそれでアリですが、人から強く信頼され、長く愛されるのは、**人を温め、堂々と下にたゆたう、足湯のような存在**なのかもしれません。

まとめ

上の立場にいる人を見て、焦ったり、羨んだりすることはない。本当の意味で人を安心させ、癒やしを与えているのは「上」ではなく「下」にいる人。

4 周りがズルく思えたら
——毒きのこの思考

自分は真面目に、正直に生きている。

それなのに周りには不真面目に、ズル賢く立ち回っている人がいる。

そんな人が得をしていることも多く、どうしても納得がいかない。

自分はこんなにもルールを守り、正しくやっているのに、どうしてあの人は周りのお手本になるような、正しい生き方をしてくれないのか。

考えれば考えるほど、情けなく、むなしくなってしまう。

周りに対して、そんなふうにやきもきしている方もいるのではないでしょうか。

もちろん私も、正直に真面目に生きている人が報われて、ズルをしている人が得をすることのない世の中になってほしいと思います。ただ、そうとばかり限らないのが人生のむずかしいところ。

たとえば、「カスタマーハラスメント」という言葉がありますが、そもそも「お店に対して過剰にクレームをつける人」のなかには「それで得をした経験がある人」もけっこう多いのではないでしょうか。いわゆる「ゴネ得」というやつです。

「ゴネ得なんてあってはいけない」「正直者が損をするなんて納得がいかない」。そんなふうに憤ったときは「毒きのこ」のことを考えてみてください。

毒きのこの思考

君にとって、僕の毒は「悪」かもしれない。
でも、僕にとっての毒は、自分を守るための「善」なんだ。

老子の言葉

善人《ぜんにん》は
不善人《ふぜんにん》の師、
不善人は
善人の資《し》なり。

医訳

善い人間は
悪い人間のお手本になるべきだろう。
しかし、善い人間だって、
悪い人間から学ぶことができるものだ。

不真面目で、ズル賢く振る舞う人を見ると「もっと真面目にやるべきだ」と諭したくなったり「相手を正してあげなくては」という気持ちになるのもわかります。

しかし、そんな「ズルい人」「悪い人」からも（反面教師として）学ぶことはある。そう老子は説いています。私はこの老子の言葉を読むと、浄土真宗の開祖である親鸞《しんらん》の「悪人正機説《あくにんしょうきせつ》」を思い出します。

善人なおもて往生《おうじょう》を遂《と》ぐ、いわんや悪人をや。

言葉通りに解説すると「善人でも往生して幸せになれるのだから、悪人はなおさら幸せになれる」となるでしょうか。

これだけ聞くと「えっ、どういうこと?」と不思議に思います。

「善人が幸せになる」のはわかる。でも「善人がなれるなら、当然悪人も幸せになれる」なんてわけがわからない……。

しかし、ここで使われている「善人」「悪人」というのは、定義自体がちょっと違っています。簡単に言ってしまうと次のようなイメージです。

「善人」……自分が正しいと思い込んでいる人

「悪人」……自分が間違っていると知り、他人を傷つけている自覚がある人

つまり「自分が正しいと思い込んでいる人が幸せになれるのだから、自分が間違っていると自覚している人が幸せになれるのは当然」という教えだとわかってきます。「自分は真面目で、正しいことをしている」と思っている人に、もちろん悪気はありません。

しかし、あえてもう一段深く踏み込んでみると、**その「正しさ」とは自分が思っているだけで「本当は何が正しいのか」なんて誰にもわかりません。**

まさに「自分がジャッジしている」だけで、もしかしたら、それを誰かに押しつけているのかもしれません。

常識やモラルもすべて同様です。

「不真面目な人」「ズル賢い人」を見ると、「あの人はダメだ」と説教したくなるかもしれません。でも、そう決めつけてしまう前に「もしかしたら、私は自分の価値観を押しつけようとしているのかもしれない」「あの人には、あの人なりに不真面目にしている理由があるのかもしれない」と想像することがときには大切です。

何が善で、何が悪か。究極的には誰にもわからないからです。

すべては相対的なものであり「どっちが正しくて、どっちが間違っている」というジャッジそのものをしない。

それこそ本書で述べている老子のスタンスです。

世界が少しだけ違って見えてきませんか。

まとめ

「不真面目な人」「ズル賢い人」に腹を立てるのではなく、そんな人からも何かを学ぶ。キーワードは「ジャッジしない」こと。

5 周囲がバカに見えたら
――カメレオンの思考

自分はこんなところにいるべき人間じゃない。

もっと評価されていいし、もっと活躍できるフィールドがあるはずだ。

そんなふうに今いるコミュニティに不満を持ち、悶々としている人も多いのではないでしょうか。

世が世なら、こんなところに自分はいない。

周りはレベルの低い話ばかりで、レベルの低い仕事ばかり。

これが一生続くのかと思うとイヤになる。

自分はもっとちゃんとした人たちと一緒にいるべきなのに、くだらない。

それをもっとわかってほしいのに……。

誰にだってそんな気持ちになることがあるはずです。

受験や就活に失敗し、望まない学校や会社に入ったときはどうでしょう。不本意な異動や出向を命じられ「なんで自分がそんなところへ行かなければいけないんだ！」と腹が立ち、失望することもあるかもしれません。周りに失望するだけでなく、もしかしたら、自分自身にも失望しているのでしょうか。

そんなときは「カメレオン」のことを考えてみてください。

カメレオンの思考

こんなところで目立ったって、意味ないじゃん。
実力、温存しておこうぜ。

和《わ》光《こう》同《どう》塵《じん》。

医訳

「光を和らげて、塵《ちり》に交わる」、
すなわち自分だけが
「光り輝いている存在」と
なるのではなく、
もっと俗世間に
交わってみることが大切だ。

つまらない人たちに囲まれて「自分だけが正しい」「自分はこんなところにいる人間じゃない」と思っているとしても、とりあえず周りに同化してみてはどうか。

そんなメッセージを老子は発しています。

そりゃあ、今の境遇に不満があるのですから「俺は、こんなヤツらとは違うんだ!」「私はもっと優秀なんだ!」と主張したくなる気持ちはわかります。

その境遇にいることに、何よりあなた自身が傷ついているでしょうし、「自分にはもっと価値がある」「それを認めさせたい」と焦り、不安があるのだと思います。

しかし老子は、**自分の優れた人格や実力をあえて隠して、ゴミで汚れた現実の世界に交わってみよう**と説きます。

「和光同塵」という言葉は、仏教では、菩薩が民を救うために、本来の清らかな姿を隠し、欲をまとって俗世間にあらわれるという意味でも使われます。

現代では「もっと輝く人生を」とか「輝く自分に生まれ変わる」というような「自分がキラキラ輝くこと」をよしとする風潮もあります。

でも、本当に徳の高い人はことさらに「あなたたちとは違う」とアピールなんてしません。自分の光を強調したりはしないのです。

そもそもが「ジャッジフリー」ですから、周りと比べて自分は上だ、もしくは下だ、といったジャッジもありません。


とはいえ「あいつらと同化なんて、どうしても我慢がならない」というのであれば、ここは一種のゲームと考え、カメレオンになりきってみましょう。

カメレオンは赤や青、鮮やかな緑などカラフルな色になることもできますが、樹木や枯れ葉のような、くすんだ色に変化することもできます。

カラフルであることが素敵なのではなく、その場に応じて自分を変え、馴染ませることがカメレオンのもっとも優れた能力です。

周りは変わらないけれど、自分を変えてみる。これは妥協ではありません。

より建設的に生きるために、自分の視点を変えることです。

自然界にはカメレオン以外にも、ほかのものに様子を似せる「擬態」を使う生き物がたくさんいます。自分の本質は変えず、生き延びる戦略として使っているのです。

現実的には、多少プライドが傷つけられることもあるでしょう。

でも**「こんなところで悪目立ちしても、しょうがないや」くらいのしたたかな気持ち**で、周りに合わせてみてはどうでしょうか。

「ここはダメな場所」と場所の優劣をジャッジするのではなく、今いる場所でできることを淡々とこなしながら、真の実力は内に秘めておく。

本当に実力があるなら、いつかは必ず逆襲の機会が訪れます。

今はそのときに備えて「じっくり待つ」。

そのための「和光同塵」です。

まとめ

自分はこんなところに留まっている人間ではない。そんなふうに思って周りを見下すのではなく、まずは「そこに馴染んでみる」というのはどうか？

6 自分に価値がないと思ったら
――茶碗の思考

自分にはこれといって何もできることがない。

生きている価値がない。

そんなふうに「自分なんて、いてもいなくても同じだ」と落ち込むことがあるかもしれません。

もちろん会社や組織に「貢献できる」「役に立つ」のは大事。自分の納得感においても大切なことでしょう。そのために自分ができることを考え、努力するのは素晴らしいことです。

しかし、そもそも「役に立つ」とはどういうことでしょうか。

あなたが考える「役に立つ」「役に立たない」という基準は本当に絶対的なもので

しょうか。

たとえば30年、40年前、組織で優秀なリーダーと言えば、チームをグイグイ引っ張り、ちょっとくらい強引でもメンバーにビシビシ仕事をさせる人でした。

でも、今の時代にそんなことをしたら、あっという間にパワハラで訴えられてしまいます。時代や環境によって「役に立つ」は簡単に変わってしまうのです。

さて「役に立つ」とか「立たない」とはいったい何でしょう。

そんなときは「茶碗」のことを考えてみてください。

茶碗の思考

「何も入ってないじゃない」って？
いいえ、本当に役に立っているのは、この、何もない空間なのです。

老子の言葉

有《ゆう》の以《もっ》て
利を為《な》すは、
無《む》の以て用を
為せばなり。

医訳

有用で、利益が出るようなものは、
役に立たないところがあってこそ、
成り立つ。
「無」、すなわち
「なんにもない」ということで
じつは役に立っていることがある。

じつに老子らしい逆転の発想ですが、これもひとつの真理だと私は思います。

「無」の部分が役に立つ。

そう言われてすぐにイメージしにくいかもしれませんが、たとえば陶磁器の茶碗を思い出してください。優れた陶磁器はその形状やたたずまい、色や輝き、手触りなどが素晴らしいものです。

でも、それら芸術的な部分が本来的に役に立っているかと言えば、決してそうではありません。

本当に役に立つのは、茶碗の内側の何もない空間。つまり「無」の部分。**その空間にお茶やごはんを入れてこそ、茶碗は本来の役割を果たします。**

「何が役に立つのか」とは、視点や考え方によってあっさり変わってしまうものなのです。

会社や組織において「何の役に立ってなくてもいいんです」「あなたはそのままでいいのですよ」と言ってしまうと、まるでサボっている人、やる気のない人を肯定してしまうようですが、**「わかりやすく役に立つこと」だけがすべてではない**、ということは少なくとも言えると思います。

業績を叩き出す人はたしかに素晴らしい。

でも、会社には事務的な仕事を回す人がいて、給料の計算をする人がいて、かかってきた電話に出る人がいて、そういったさまざまな人の仕事があって初めてその人は売上を出せるわけです。

また、そういった人に対して「すごいですね」「おつかれさまです」と笑顔を絶やさず、労う人だって組織やチームには必要です。

「いつでも明るくしている」「相手の話を楽しんで聞く」。

そんな貢献だって決してバカにはできません。

もっと言うなら、そのオフィスを掃除してくれる人、食べるものをつくっている人、ビルをつくった職人さんだって、ずっと役に立っています。

わかりやすく目立っている人だけが役に立っているのではありません。

仕事によっては、誰かの喜ぶ顔が直接見られないものもあるでしょう。

「自分は本当に役立っているのかな」と不安になることもあるでしょうし、「感謝されたいけれど、誰も言ってくれない」と落ち込むときもあるでしょう。

でも、想像してみてください。

あなたが存在している世界は、あなたが存在していない世界とはまったく違うものです。

「役に立つ」「立たない」というのは、自分が考えるほど画一的で、単純で、絶対的ではないのです。

まとめ

「役に立つ」「役に立たない」なんてそう簡単には決められない。一見すると「役に立っていない人」が、見方を変えればいちばん役に立っている。

7 自分は狭い世界しか知らないと思ったら

――足の裏の思考

友人たちが「世界で活躍している」と聞くと「自分はなんて活動している範囲が狭いんだ」とやるせない気持ちになる。

そんな話を耳にすることがあります。

世の中、グローバル社会ですから「仕事でシンガポールから帰ってきたばかりなのに、すぐにロンドンに飛ばなければならない」といった話をする人を見かけることも少なからずあります。

日本と世界の話に限らず、会社組織を飛び出して、さまざまなところに活躍のフィールドを持っている人を見ると、

「世界が広くて羨ましい」

「自分は狭い世界の住人だ」

と感じることもあるかもしれません。

広い世界で活躍する人たちはもちろん素晴らしいです。

けれど、それと自分を比較して情けなく思うのはちょっと違うように私は感じます。

そんなときは「足の裏」のことを考えてみてください。

足の裏の思考

ロンドン？　ニューヨーク？　へええ。

ずいぶん狭い価値観のグローバルだね。

僕が踏みしめている「この場所」だって地球なんだよ。

老子の言葉

その出《い》ずること
いよいよ
遠ければ、
その知ること
いよいよ少なし。

医訳

遠くに行けば行くほど
見識が広がるとは限らない。
まず足元を見る必要がある。
世界に目を向けるのもけっこうだが、
「自分」について考えることは
もっと大切だ。

グローバル化が進む現代にあって、そもそも「グローバル人材」とはどういう人か。

そんな根本を考えさせられる老子の言葉ではないでしょうか。

語学が堪能で、ニューヨークやロンドンの在住経験がある人。仕事でドバイやシンガポールをしょっちゅう訪れている人。

そんな人がいわゆる「グローバル人材」のイメージとして思い浮かべやすいかもしれません。

しかし、それだけが本当に「グローバル」でしょうか。

世界をよく知っていて「日本に向けて、世界のことを語る人」より、日本のことをよく知っていて「世界に向けて、日本を語れる人」のほうがよりグローバルだという考え方もあります。

自分が住んでいる地域の風習や文化に精通し、そんなローカルなカルチャーを日本に来た観光客に伝えられるとしたら、それはそれで、とてもグローバルと言えるのではないでしょうか。

もちろん、どちらが「グローバル」で、どちらが「非グローバル」かなどと論じるつもりはありません。

それこそジャッジする必要はないのです。

そもそも世の中に「世界」なんて場所はどこにもなく、それぞれの人が住み、暮らしている「足元の地域」があるだけです。

あなたは、あなたが生活している場所で、あなたなりの生き方をしていればそれでいいのです。

以前、青年海外協力隊の経験者から話を聞いたのですが、協力隊では「シンク・グローバリー、アクト・ローカリー」という言葉があるそうです。

世界のことを考えるけれど、実際に活動するのはそれぞれの地域である、という意味です。

たしかに最近では、地方都市に暮らしながらヒット作を書き上げる作家もたくさんいますし、山奥にあるのに繁盛しているお店だっていくらでもあります。田舎暮らしを求める人も年々増えています。

メーテルリンクの『青い鳥』のテーマである**「幸せを探すために旅に出ても、結局それは身近なところにある」**とも通じる話ではないでしょうか。

もし、世界へ出て行くことをことさらに自慢する人がいたら「ずいぶん狭い価値観のグローバルだな」と冷ややかに見つめておけばいいでしょう。

グローバルの語源は「グローブ」。

そもそも「地球」を指しています。

あなたの足の裏が踏みしめている「その場所」こそが地球です。

外の世界へ出て行くだけが「グローバル」ではないのです。

まとめ

真のグローバル人材とは「世界を知っている人」ではなく、「足元のことをよく知っている人」。

8 「知ってる」アピールに疲れたら

──マスクの思考

大概において、人は自分が「知っていること」について「私はすごく知ってるんです！」とアピールしたくなるものです。

たとえば、Aさんが世界の経済情勢の話をしていると、それを聞いていたBさんが、「それなら私も知っています。実際には、こんな状況にもなっているんですよね」とどんどん話を奪っていくようなケース。

そんなBさんタイプがあなたの周りにもいるのではないでしょうか。

その一方で、自分をうまくアピールできず「自分だっていろいろ知っているのに」「何も知らないと思われたんじゃないか」と傷つき、悩んでいる人も大勢います。

とりわけ集団で話しているときに自分だけが黙っていると「自分だけがわかっていないと思われたんじゃないか」「何も知らないヤツに見えたんじゃないか」と心配になることもあるでしょう。

そんな人から見ると、アピール上手な人が羨ましく、妬ましく感じられるかもしれません。

そんなときは「マスク」のことを考えてみてください。

マスクの思考

ほんとは知ってる。
だけど、「知ってる」って言わない。
そのほうが学べることがいっぱいあるんだ。

老子の言葉

知りて知らず
とするは上《じょう》、
知らずして
知るとするは
病《へい》なり。

医訳

知ったかぶりは結局ボロが出る。
知っていても「知らない」と言うのが
謙虚な人間である。
だいたい知っていると言っても、
どのレベルで知っているのか
怪しいものだ。
ここは「知らない」とするのがよい。
まして知らないのに
「知っている」と言えば
災難がもたらされるだろう。

大前提として、知ったかぶりをしてもいずれはボロが出る。

これはよく聞く話です。

知らないことを、さも知っているかのように振る舞う人もたまにいますが、そんなものはいつかバレますし、その場にいる人も薄々気づいていることが多いでしょう。まあ、これは論外です。

老子の言葉で興味深いのは **「知っていることでも『知らない』と言っておくくらいでちょうどいい」** とのメッセージ。

カフェなどで何人か集まって雑談しているのを眺めていると、ときおり「知っていること」「経験したこと」のマウンティング大会になっていることがあります。

誰かが「私、この前ハワイに行ってね」と海外旅行の話をしたら、別の誰かも負けじと「ハワイっていうとあのお店がいいわよね」と続ける。そうかと思えば、また別の誰かが「私がハワイに留学していたときは……」と経験談を語る。

そんなコミュニケーションを糾弾するつもりは毛頭ありませんが、せっかくなら

「知ってるアピール」の輪に加わらず、知っていることでも「知らないなぁ」で通す。

老子のおすすめはそのスタンスです。

そもそも「知っている」というのも、どのレベルの理解なのかを考えたら怪しいものです。ソクラテスの「無知の知」にも通じる話ですが、**「自分はわかっている」と思い込んでいることほど「無知」なことはありません。**

少し知っていることでも「深くは知らない」ことのほうが多いもの。

そんなときは知識を得られるチャンスなのです。

ところが「私も知っています」とアピール合戦に加わった瞬間、あなたが学べることは何もなくなります。

知識や経験が豊富なのは素晴らしいことです。

でも「知識がない＝恥ずかしい」は思い込みです。

ひけらかすのが目的の知識なら、そっちのほうが恥ずかしいと思いませんか。

知識などなくたって「相手の話を興味深く聞いている」のは、じつに思いやりに溢れた、素晴らしいスタンスです。さらには、知っているのに「知らないスタンス」で聞き役に回るなんて、スケールの大きな人にしかできません。

たとえるなら、これは「マスクの思考」です。

口を塞ぐマスクという意味もありますし、**「何も知らない自分」というマスク（仮面）をかぶり、無知を演じながらコミュニケーションする**。そんな意味もあります。

そんなイメージで会話に加わると、これまでとは違った、余裕のあるコミュニケーションがとれるものです。

じつに老子らしい、したたかで、少しばかりシニカルなスタンスです。

まとめ

自分は「知っている」「わかっている」と思うことほど恐ろしいことはない。「知っていること」でも「知らない」と言うくらいで、じつはちょうどいい。

WORK 1

他人より、自分のことに集中できる ～鏡のワーク

ふとした瞬間に他人が気になってモヤモヤする。

そんなときには「鏡」を意識的に見るようにしてみてください。


朝、洗面所で顔を洗うとき。

会社のトイレで手を洗うとき。

外出先の化粧室で身だしなみを整えるとき。


日常には鏡に接する機会が意外とあるものです。

しかし、余程、自分のルックスが好きな人でない限り「髪型が崩れていないか」「口紅が落ちていないか」といった「確認」に使うことがほとんどだと思います。

このワークの目的は「鏡のなかの自分を認識すること」。

ただ漫然と鏡を見るのではなく、そこに映る自分の目を、10秒ほどしっかり見つめてみてください。

頭のなかで「いち、にぃ、さん……」と10まで数えてみましょう。

通常、自分の姿は自分からは見えません。

一方、他人の姿はどんどん視界に入ってきますから、他人が気になってしまうのも当たり前。

だからこそ、鏡を使って自分の姿を意識する。

自分の存在を物理的に強く感じるようにするのです。

わざわざ鏡のある場所へ行かなくても、手鏡を持ち歩くのでもいいでしょうし、ショウウインドウに映る自分を見るのでもかまいません。スマホのカメラ機能を使って、自分の姿を映し出してもいいでしょう。

実践するうちに、自分の輪郭がはっきりと感じられるようになってきます。

自分の姿を見るのが嫌いな人もいると思いますが、たまにでいいので、しっかり自分を見つめてみてください。

あなたが意識するべきは、よその誰かではなく、あなた自身です。

そうやって自分を見つめていると「目の前にいる自分は、本当に誇れる生き方ができているか」「周りに振り回されすぎていないか」などの問いかけが、自然と頭のなかで生まれてくるはずです。

「他人のことを考えないようにしよう」と無理に思わなくても、自然と自分のことだけに集中できるようになっています。

それが「鏡のワーク」です。

第2章

つい、がんばりすぎてしまうときの処方箋

9

結果が出せなくて辛くなったら

——時計の思考

現代は競争社会。

どうしたって「結果」が重視されます。

どんなに努力を重ねても、それが形にならなければ、なかなか評価されません。

そんな競争社会、結果主義の世の中で、

「ああ、自分は全然、結果を出せていない」

「自分なりに努力しているけれど、こんな私には何の価値もない」

と自己否定的になっている人もよく見かけます。

仕事はもちろん、プライベートでやっているSNSでさえ「いいね」や「フォロワー数」など評価、結果に追い立てられます。

もともとはただ楽しくSNSを利用していただけなのに、いつの間にか、

「どうしたら『いいね』をたくさんもらえるか？」

「フォロワー数が少ない状況をいかに脱していくか」

という結果主義に陥る人も大勢います。

どうして私たちはそんなにも結果に囚われてしまうのでしょう。

そんなときは「時計」のことを考えてみてください。

時計の思考

何も達成していないけれど、止まらないことに価値がある。

老子の言葉

強《つと》めて
行なう者は
志《こころざし》有《あ》り。

医訳

目標を持って努力をすること自体が
大切だ。
努力を続けている人は、
それだけで目的を達成している。

努力しているだけで、すでに目的を達成している。

こんな老子の言葉を聞くと「努力さえしていれば、結果はどうでもいいのか！」「そんなのきれい事だ！」と反論したくなる人もいるかもしれません。

もちろんその通り。

結果や成果は必要です。企業だって、成果、利益を上げるからこそ従業員の給料が払えて、社会生活が成り立っていきます。

しかし現実問題として、**努力が必ずいい結果をもたらしてくれるかと言えば、そんなことはありません。**これに関しては「いつも正しい因果関係が成り立つとは限らない」という話を第4章32項「てるてる坊主の思考」でもしています。

また、**努力と結果の間に生じるタイムラグも人によってさまざま。**

要領のいい人は、小さな努力ですぐ結果につながりますが、「努力から結果までのプロセス」に膨大な時間を要する人もいます。

もしかしたら、あなたもそのひとりかもしれません。

でも、それは仕方のない話です。

ここで私が問いたいのは**「そもそも努力する意味や目的とは何か？」**の部分です。

たとえば今、近くに時計がありますか。

もしあったら、時間を確認してみてください。そして少したったら、もう一度、確かめてみてください。

じつに当たり前のことですが、時計はあなたが見ていない間も休むことなく動き続けています。私たちが時間を知りたいときのために、いつでも休まず時を刻んでくれています。

しかし、時計それ自体に「達成」というものはありません。

動き続けること、それ自体が目的だからです。

かつて讀賣巨人軍のエースとして活躍した桑田真澄さんは「結果がすべてのプロ野球の世界で22年間生きてきて確信したのは、結果よりもプロセスが大事だということ」とスポーツ誌のインタビューで語っています。輝かしい結果も、辛い怪我も、そこから復活するための長い長いリハビリも経験してきた彼が語る言葉からは深い意味を感じざるを得ません。

結果にかかわらず、努力することで自分を少しでも好きになれたり、小さな成長を感じるだけでも十分に価値があると思いませんか。

ここまで読んでも「所詮、甘い考えだ」と感じる人もいるでしょう。

もちろん、老子のすべてが正しいわけではありませんし、それをどう受け取るかはあなた次第。受け取るも、受け取らないも、どちらでもいいわけです。

ただ、もし私の目の前に「努力を続けているのに、なかなか結果につながらず、苦しんでいる人」がいたら、やっぱりこの老子の言葉を贈りたいと思います。

努力していること、それ自体が尊いと私は思うからです。

まとめ

結果を出すことに執着する必要はない。「努力を続けている」という、それだけで十分に価値がある。

10

終わりが見えずに苦しくなったら

——傘の思考

学校でずっと友だちができない。

職場でイヤな上司に当たってしまい、嫌がらせを受けている。

こんなひどい境遇はいつまで続くのだろうか……。


こうした悩みもよく聞きます。

どんな人にも「辛い状況」は多かれ少なかれあるものですが、それが「続いている」ということが、人の心をさらに追い詰めます。

辛いことに直面した事実そのものより、「それがいつ終わるのかわからない」という先の見えない不安や絶望感がより苦しい。そんなことがあるでしょう。

どんなにひどい上司でも「あと半年すれば、その人はいなくなる」とわかっていたら案外我慢できるもの。

受験やテスト前の勉強はたいへんですが、「時期が来れば終わる」とわかっているからこそ、なんとかふんばれるのではないでしょうか。

反対に、辛い職場でずっと働いている人、資格試験に何年も落ち続けている人などは、その「終わりの見えない感じ」がとても、とても苦しいのです。

あなたにもそんな経験があるかもしれません。

そんなときは「傘」のことを考えてみてください。

傘の思考

この雨だって、いつかはやむさ。

老子の言葉

希言《きげん》は自然なり。故《ゆえ》に飄風《ひょうふう》は朝《あした》を終えず、驟雨《しゅうう》は日《ひ》を終えず。

医訳

自然界は聞き取れないような音で
何らかのメッセージを伝えてくれる。
それによれば、
暴風は一日中吹き続いたりはしない。
大雨が何日も続くということもない。

「やまない雨はない」「明けない夜はない」。

そんな言葉をみなさんも聞いたことがあるでしょう。それを聞いて「そうは言っても今が辛いんだよ」と反発したくなる気持ちもわかります。

しかし、これは「だから、ずっと耐えていろ！」「今は我慢が大事！」と忍耐を強要するメッセージではありません。

もし、あなたが降り続く雨のようなとめどない不安を抱えているとしたら、その不安をひとまずやりすごす「傘」のような言葉だと私は捉えています。

本当に辛いときは「少しだけじっとして、嵐が過ぎるのを待とう」「そうすれば、いつかは終わる」ということです。

老子哲学の特徴のひとつに**「自然主義」「自然信仰」**があります。

自然のままに生きることが大切であり、大事なことは自然が教えてくれる。

ここで取り上げた言葉も「希言は自然なり」から始まっています。

雨も、風も、山も、川も、自然とは私たちが困ったときに「こうしなさい」「こんなふうに乗り越えなさい」と明快かつ具体的なアドバイスをくれるわけではありません。

しかし、老子が言うように自然の営みをじっくりと落ち着いた気持ちで眺めてみると、いろんなメッセージを発してくれているように感じます。

とんでもなくひどい暴風が吹き荒れても、やっぱりそれが永遠に続くことはなく、後には穏やかな晴天が訪れます。

厳しい日照りが続いても、その後にはしとしとと雨が降ってきます。

日本には四季があり、厳しい寒さが続いたとしても、数カ月後には寒空が嘘だったかのようなポカポカ陽気に包まれ、木々が芽吹き、花を咲かせます。

自分が辛い境遇にあり「これがいつまで続くのだろう」と絶望しそうになったときこそ、自然の営みを眺めてみてはいかがでしょうか。

じつは老子の言葉は**「天地ですら、長く雨を降らせ続けることができないのだから、人などなおさらだ」**と続きます。

現代人はいつの間にか、自然より上に立ったような気になって自然をコントロールしようとしています。しかし、どれだけ高いビルを建てても、どれだけ高性能な機械をつくっても、いまだに天気をコントロールする術はありません。

できるのは、傘をさしてやりすごすだけ。

もちろん、傘をさしても雨はやみませんが、雨が直接当たるのを避けることはできます。「この雨だって、いつかはやむさ」と眺めていれば、例外なく雨はやみます。絶対にやみます。

そんなふうに**じっと耳を澄ましてみれば、自然は何かを教えてくれます。**

そう老子は語っているのです。

まとめ

本当に大事なことは「自然」が教えてくれる。ひどい暴風もずっと吹いたりはしないし、どんな雨もずっと降り続いたりはしない。

11 いい出来事に浮かれそうになったら
——木の根っこの思考

浮かれすぎて、つい羽目を外してしまう。

いいことがあって、はしゃぎすぎてしまう。

人間ですから、誰にだってこんな失敗はあります。

いいことがあれば浮かれたくなるし、楽しい体験をすれば「すごいでしょ」と言いたくなる。

よくわかります。


しかし、調子に乗ってはしゃいだり、自分の仕事がちょっとうまくいったからといって、周りの人に過剰にアドバイスしたりすると……。

いつか大きなしっぺ返しを食うこともあります。

うれしい出来事に浮かれてはしゃぎたくなったときは、「木の根っこ」のことを考えてみてください。

木の根っこの思考

風にはしゃぐ葉っぱは、元気そうに見えるけれど、
季節がめぐれば散ってしまう。
私は地味に見えますが、何年もこうしてどっしり生きています。

老子の言葉

軽ければ則《すなわ》ち
本《もと》を失い、
躁《さわ》がしければ
則ち君を失う。

医訳

軽々しく振る舞ったり、
騒々しくしたりしていると、
物事の本質を見失ったり、
立場を失ったりする。
静かに、落ち着いて、
どっしりとしている態度が
最終的には勝利につながる。

浮かれて、はしゃいでいるときはたいてい周りが見えていません。

自分ひとりがはしゃいでいて、周りは引いている。

SNSでも、つい「こんないいことがあった!」「最高にうれしい!」なんて軽々しく投稿をして、密かにひんしゅくを買っているケースはよくあります。

本人にしてみれば「こんな素晴らしい体験をさせてくれて、ありがとう」と感謝の気持ちを込めているつもりかもしれませんが、無関係な第三者から見れば「自慢」にしか映らないのも当然です。

そういうときほど「いやいやちょっと待て」「はしゃいでいるのは自分だけでは」と思い直すことが大切です。

自分ではなかなか気づけないかもしれませんが、**やたらと機嫌がよすぎたり、ふわふわと地に足がついていない感じがするときは屋外の木を眺めてください。**

風が吹けば、葉っぱは「わしゃわしゃ」と若々しく騒ぎ立てますが、根っこはどんなときも、静かに土のなかでじっとしています。

生きるためのエネルギーを大地から吸収しているのも根っこですし、大木を支え、森の地盤を守っているのも根っこです。

そもそも「根」という字は「性根」「根本」など、ものの本質を言い表す場合によく使われます。

うわべに囚われるのではなく、もっと本質的なことを大事に生きていく。

これもまた「木の根っこの思考」ではないでしょうか。

あなたにとって**「いい風」が吹いているときこそ、葉っぱのように騒ぎ立てるのではなく、根っこのように落ち着いて振る舞う。**

そんな思考が大切なのだと思います。

余談ながら、私は精神科医ですから、老子のこんな言葉を読むとつい双極性障害の患者さんを考えてしまいます。

双極性障害では、躁状態とうつ状態の両方があって、躁のときはとにかくテンションが高く、高価な買い物をバンバンしてしまったり、分不相応な行動をとってしまったりします。だから周囲から「いい加減にしておきなさい」と言われるけれど、自分は調子がいいから耳を貸さない。

しかし、反動のうつ状態がやってくると「あのとき私はなんであんな高いものを買ってしまったのか」と反省し、ものすごく落ち込んでしまいます。それが自殺につながるケースもある危険な病気です。

老子の言葉を伝えることで双極性障害がすぐによくなるわけではありませんが、実際に患者さんと老子について話すことはよくあります。

自分の気分が高揚しているときほど、一度落ち着いて周りを見渡す。とても大事な心がけだと思います。

まとめ

風に吹かれた葉っぱのようにわしゃわしゃ騒がしくしていると大事な本質を見失う。どんなときも、落ち着いて、静かにしていよう。

12 周囲から浮いている気がしたら

――めがねのつるの思考

自分は性格が歪んでいて、まともではない。

ひどいことばかりを考えてしまう。

人間がねじ曲がっていて、みんなとなかなかうまくいかない。

精神科のクリニックには、いわゆる「認知の歪み」を指摘される人もたくさんやってきます。そこまで極端でなかったとしても、

「自分は人とちょっと違っている」

「自分では普通にしているつもりなのに、いつも浮いてしまう」

「なんとなく、みんなの輪のなかに入っていけない」

などの感覚に苦しんでいる人はたくさんいます。

多様性の時代と言われる現代でも、やっぱり「周りとの同調」「空気を読むこと」を求められ、窮屈な思いをしている人も多いのではないでしょうか。

周りに合わせたい気持ちはあるのに、性格的に（あるいは、性質的に）なかなかうまくいかない。そんな人はなおさら苦しみが大きいでしょう。

そんなときは「めがねのつる」の部分について考えてみてください。

めがねのつるの思考

まっすぐよりも「曲がってる」ほうがじつは強い。
だから、開き直ってます。

老子の言葉

曲《きょく》なれば則《すなわ》ち全《まった》し。

医訳

何かを成し遂げるには
曲がりくねっていることも大事。
直線的に生きるより、
曲線的に生きるほうがいい。

「自分は人とは違っていて、ダメな人間だ」と考える人に西洋医学的なアプローチをするなら「認知の歪みがあるから、そのような考え方になってしまう」、だから「認知を変えるトレーニングをしよう」となります。

これは認知療法、認知行動療法などと呼ばれる手法で、自分の性格や物事の捉え方をチェンジしようとするアプローチです。

もちろん、これらの療法にも一定の効果はあります。

ただし現実には**「そうは言っても、それができないから辛いんだ」**という人がいるのも事実です。

こんなことを言うと「甘えを助長する」とお叱りを受けるかもしれませんが、長い目で見れば、そういう「曲がった人」がビジネスや芸術などの世界で成功するのはよく聞く話です。

普通の人なら「ありえない」と思うことをやってのけた偉人たちも、その時代においては「変わった人」「浮いている人」だった。そして常識に沿わなかったからこそ、何かを成し遂げられた。そんなケースはたくさんあります。

音楽家モーツァルトは他人とのコミュニケーションに問題を抱えた変人だったと言われていますし、黒柳徹子さんも「トットちゃん」と呼ばれた幼少期は空想の世界に浸ってばかりで、小学校の先生からもさじを投げられたそうです。

こんなふうに「人よりも曲がっている」ことが、むしろその後の人生を豊かにしてくれることは十分にあります。

あなたが欠点だと感じている部分は、とんでもない強みであるのです。

森に生えている樹木を思い出してください。

まっすぐ伸びた木はもちろん価値があります。木材として利用できるのはこうしたまっすぐの木だけです。

ただし、まっすぐの木はすぐに伐採業者に目をつけられ、切り倒されてしまいます。

一方、最初からねじ曲がっている木は伐採業者の目にはとまりませんから、切り倒されることもなく長く生き延び、広大な森を形成するのにひと役買っていきます。

めがねのつるの部分だって、くるりと曲がっているからこそ耳にフィットします。

ここがもしピーンとまっすぐに伸びた棒だったら、耳にかからず、すぐに落ちてしまいます。

世の中には「曲がっていること」が大事な側面が必ずあるのです。

できないことを嘆くより**「どうせ自分は人と違うんだから」と開き直ってみませんか。**

そんな自分を突き詰めていくと、めがねのつるのように、**いつの間にかなくてはならない存在になっている**かもしれません。

まとめ

人間がねじ曲がっているなら、ねじ曲がったままでいい。

「できないこと」を嘆くより、「このままどう生きるか」を考えてみよう。

13

がんばりすぎていたら

――幽霊の思考

仕事をがんばりすぎて、心や身体を壊してしまう。

上司に評価されたいから、責任を果たしたいから、つい残業してしまう。

ここで無理をしないと周囲から信頼を失ってしまうので、がんばらざるを得ない。


そんな日々を過ごしている人も多いのではないでしょうか。

もちろん、これは個人だけの問題ではなく、会社にも責任はあると思います。会社や組織全体として対処しなければならない問題も多いでしょう。

しかし、それだけでなく「つい自分からがんばってしまう」という個人の側面も見逃すことはできません。

もちろん、そのがんばりは否定されるものではありません。

責任感が強く「人に迷惑をかけてはいけない」と思うからこそ、がんばってしまう人は大勢います。

自分がやらなければ、誰もやる人がいない。だからこそ、心身に負担がかかっていることはわかっているけれど、無理をしないわけにはいかない。

そんな思いで毎日をなんとか乗り越えている人もいます。

ただし、それで身体を壊し、命を奪われてしまったら、それこそ本末転倒です。

そんなときは「幽霊」のことを考えてみてください。

幽霊の思考

私も生きてるときは、金も肩書きもあったんだけどなあ。

身体がないと、意味ないんだねえ。

老子の言葉

われに大患《たいかん》有る
所以《ゆえん》の者は、
われに身《み》有るが
為《た》めなり。
われに身無きに
及びては、われに
何の患《わずら》い有らん。
故に身を以《もっ》てするを
天下を為《おさ》むるより
貴《たっと》べば、若《すなわ》ち
天下を托《たく》すべく、
身を以てするを
天下を為むるより
愛すれば、
若ち天下を
寄《よ》すべし。

医訳

名誉を受けるか、屈辱を受けるか。
そんなことに人はビクビクしているが、
名誉とか、財産とか、評価とか、そういうものと
「我が身」はどちらが大切なのか。
いろいろと心配事を抱えられるのは、
そもそも身体があってのこと。
身体がなければ、心配事などなくなる。
身体こそがすべての根本なのだ。
天下を治めるにしても、自分の身体を優先する
ような人が治めるべきであり、
自分ならそんな人に天下を任せる。

少し長い言葉ですが、何度も読み返したい内容です。

日々、仕事をしたり、生活したりしているとお金や評価などに囚われることがありますが、それらはすべて「自分の身体」があるからこそ成り立っているものです。

たとえば、今、命が尽きて幽霊になってしまったら、あなたは生きている人々を見て、何を後悔するでしょうか。

私なら「もっと稼ぎたかった」「もっと偉くなりたかった」といったことを思うのではなく、「もっとおいしいものを味わっておきたかった」とか「友人や家族ともっと一緒にいたかったな」と考えます。

そんな後悔をしないためにも、自分の身体をいちばんに考えることが大切。

本当の意味で**「自分はどんなことに時間と労力を費やすべきなのか」をじっくり、深く考えてほしい**のです。

それが大前提であり、その前提をきちんと理解している人こそが地域や国、会社を治めるに値する人物だと老子は説いています。

人間はなぜか「生きていること」を当たり前に感じがちです。

だから、つい身体をないがしろにして無理をしてしまう。

でも、人間も自然です。**雨や風がコントロールできないように人間の命もコントロールできません。**

作家の坂口安吾は「人間は生きることが、全部である。死ねば、なくなる」と述べています。かのナポレオンも「生きている兵士のほうが、死んだ皇帝よりずっと価値がある」と語ったと言われています。

近年は「働き方改革」が盛んに取り上げられ、残業を減らし、生産性を高めようという動きが活発になっています。

その根本にあるのはやはり「身体を大事にする」だと私は考えます。

身体を大事にするとは、ひいては人生を大事にすることでもあります。

さらに言えば、周りを大事にすることにもつながります。

「ちょっと疲れたな」と感じたときは「自分がもし幽霊になったら?」と想像してみ

てください。


親しい人と会話できなくなった自分。

やりたいことができなくなった自分。

おいしいものを食べられなくなった自分。


そんな実体のない状態はあなたにとって幸福でしょうか。

自分が自然にかえっていくときに「ああ、たっぷり身体を使って人生を味わったな」と思えるように日々を暮らす。

そのためにはどうするべきか。立ち止まって考えてみてほしいのです。

まとめ

地位、名誉、お金、評価を求める人は多いけれど、自分の身体を犠牲にしてまで「手に入れなければならないもの」など何もない。

14 見返りがなくてむなしくなったら

——愛猫の思考

自分は会社に尽くし、上司に尽くし、社長にも精いっぱい尽くしてきた。

それなのにまっさきにリストラの対象になった。

それがどうしても許せないし、辛い。

以前、そんな話をしてくれた人がいました。

会社のためと思い、自らを犠牲にしてがんばってきたのにリストラされたり、不本意な異動を命じられたりする。

それだけならまだしも、手を抜いている社員が重用されたり、手柄を横取りされたりと、理不尽な思いをしてきた人も多いのではないでしょうか。

会社や組織だけでなく、対個人においても「これだけのことをしてあげたのに裏切られた」「恩を仇で返された」などの経験を持つ人がいるかもしれません。

きっと多くの人が、必ずしも「がんばったことを高く評価されたい」「感謝されたい」と思って行動しているわけではないでしょう。

でも、せめてがんばったことを受け止めてほしい。深く感謝してほしいとは言わないけれど、認めるだけ、認めてくれてもいいはずなのに……

たったひと言「ありがとう」と言ってくれたら、どれだけ心が救われるか。その思いはよくわかります。

そんなときは「愛猫《あいびょう》」のことを考えてみてください。

愛猫の思考

何もお返ししませんけど、よろしいかしら？

老子の言葉

大道《たいどう》廃《すた》れて、仁義《じんぎ》有り。

医訳

そもそも「忠義」とか「裏切らない」とか、
そういう倫理・道徳は誰が教えたのだ。
そんなものを当てにして生きるより、
そういうものは「最初からない」と
見切り、
自然に、平凡に、
人と争わずに生きていくことのほうが
大切だ。

老子がこの言葉を発した背景を少しだけ紹介しておくと、ここで言う「仁義」（忠義、裏切らないなどの倫理道徳）とは「儒教の教え」を指しています。

一方の「大道」とは、文字通り**「大きな道」「自然の流れに即した生き方」**を示しており、老子が常に発している中心的なメッセージです。

つまり、老子にしてみれば「自然の道」が廃れて、なくなってしまっているから「忠義だ」「仁義だ」と儒教の教えがことさらに取りざたされている。

本来はそんな堅苦しいものに縛られるのではなく、自然に即して生きるのがいちばんではないか、と言いたいわけです。

たとえば「あの人の役に立ちたい。それが自分の喜びだ」と素直に思える上司に出会えれば、その人の役に立つよう行動するのは自然なことだと思います。

しかし、それを「仁義」という言葉にして教え諭すことで「会社に入ったら上司に尽くさねばならない」「会社員として組織に尽くすのは義務」といった堅苦しい教えが生まれてしまう。そんな誰かに教え込まれた「忠義、仁義ありき」なんてナンセンスだと老子は言いたいのでしょう。

そもそも「誰かに、何かをしてあげる」のはルールや道徳に強制されるものでも、見返りを期待するものでもありません。

といって「相手に期待なんかするな！」と言うのも身も蓋もない話。

「何かをしてあげたのに、感謝の言葉すら返ってこない」では悲しい気持ちになりますよね。

ただ、ここで改めて考えてほしいのです。

相手から何も返ってこないからといって「あなたがしてあげた」という事実がなくなるわけではありません。

人というのは「相手に何かしてあげたい」という奉仕や貢献の気持ち（愛情と言ってもいいもの）を本来的に持っています。

親が子を思うように、飼い主が大事にしている猫に接するように、ただ無償の愛を注ぐことがあると思います。

「見返りを求めない」「相手に期待しない」と表現するとなんだか急に冷たい雰囲気

になりますが、もっと温かな側面に目を向けるなら、あなたが誰かのために「してあげた」という行為自体、それだけで素晴らしいのです。

これこそ「愛猫の思考」です。

そもそも猫は気まぐれで、勝手気ままに生きています。犬は人間になつきやすいのに猫は全然なつかないとよく聞くでしょう。

でも、そんな気まぐれで、なつかない猫を愛している人はたくさんいます。

何かを返してもらえるから愛するのではありません。

そんな「飼い主の愛情」はもはやそれ自体が美しい。人間相手でも、そんな気持ちで接してみるといいのかもしれません。何も返ってこなくても、あなたの気持ちや行為自体がとても素敵なことなのですから。

まとめ

「尽くしてあげた」ということ自体、十分に素晴らしいこと。あなたが愛のある人間だという証拠でもある。

15 今の社会に馴染めないと思ったら

――パンタロンの思考

精神科のクリニックには「引きこもり」の問題を抱えている人もたくさん訪れます。若い人はもちろん、40代、50代になってもずっと親元で暮らし、ほとんど部屋にこもりっきりという話もよく聞きます。

じつは当人たちのなかにも「みんな立派に働いて、世のため、人のためになっているのに自分は情けない」と感じている人は多いのですが、なかなか抜け出せないという現状があります。

引きこもりでないにしても、今の社会に馴染めず、生きづらさを感じている方も多いでしょう。

かつてに比べて「個人の時代」「多様化の世の中」と言われるものの、さまざまなテクノロジーの進化によって「いつでも、どこでも、誰とでもつながれる世の中」になり、そんな「つながり」を強要されることに息苦しさを感じている人も多いようです。

社会や時代に馴染むのは案外たいへんです。

そんなときは「パンタロン」のことを考えてみてください。

パンタロンの思考

流行？　古い？　どっちでもいいや。
これが僕の形なんだ。

老子の言葉

衆人《しゅうじん》は皆《みな》
以《もち》うる有り、
而《しか》るに我は
独《ひと》り頑《がん》にして
鄙《ひ》なり。
我は独り
人に異なり、
而《しか》して母に
食《やしな》わるるを
貴《たっと》ぶ。

医訳

普通はみんな、
それぞれに何か役立つものがあって
活躍しているが、
自分ときたら
「能なし」みたいに思えなくもない。
しかし、それがどうしたと言うのだ。
利口ぶって活躍しているように見えても、
世俗の薄っぺらな考えに合わせているだけ
じゃないか。
自然に、無理をせず、
自分に与えられた道を歩むのみである。

この老子の言葉は、乱暴に言ってしまえば「別に世間の役に立っていなくたっていいじゃないか」「自分なりに、自然の流れに身を任せて生きていくだけでいいじゃないか」と解釈することもできます。

こんなことを言うと「引きこもりを肯定するのか」と批判を受けることもあるでしょう。もちろん私だって引きこもりを肯定したくて、この言葉を取り上げているのではありません。

ただ、「上り坂の儒家、下り坂の老荘」の言葉を紹介したように、人生には「まあまあ、それでいいじゃないか」「それもひとつの人生だよ」というメッセージが必要なときがあるのです。**真理はひとつではありません**から。

実際、うつ病を患っている人のなかには長年引きこもっている人も多く、そういう人たちとどのように向き合っていくのかは、非常にむずかしい問題でもあります。症状がよくなって、社会に出て行けるようになればいいのかもしれませんが、そんな**「世間的に正しい道」「常識的な道」を示すことが最善と言い切れないケースもある**のです。

相手にしているのは「人間の心」ですから、そうそう一筋縄ではいきません。

「引きこもり」にしたってパターンはさまざまで「引きこもっている自分」にストレスを感じ「そこから脱したいのにそれができない」という二重の苦しみを抱えている人もいます。

ある意味、老子はそんな現状をごっそり引き受けて、**とりあえず肯定してくれるようなところ**があります。

社会に適応できないのは、たしかに辛い。

でも考えようによっては、その**「社会」だって「今という時代のなかで勝手に形づくられた薄っぺらなもの」**かもしれません。

そんな社会や常識に少しくらい適応できないからといって、それが何だと言うんでしょう。

たとえば、パンタロンという裾がラッパのように広がったパンツが流行ったことがありました。その後、一度は「時代遅れ」と言われたものの、またブームになったり、下火になったりを繰り返しています。パンタロンという**存在自体は変わっていないのに、時代が巡って必要とされたり、されなかったりしている**のです。

同じようなことが世の中にはたくさんあります。ちょっと前まで「古かった」「遅れていた」はずのものが、時代とぴったり合うこともあれば、今「流行っているもの」もいつか必ず廃れていきます。

「引きこもり」だって、たまたま「今」という時代の常識や流行、考え方やライフスタイルに合わないだけかもしれません。

今の社会にちょっとくらいそぐわないからといって、そこまで落胆することはないのです。むしろ、無理やりそこに自分を合わせていくほうが、ずっと不自然なことではないでしょうか。

まとめ

無理をせず、自分のペースで生きていくことだってひとつの人生。どうせ時代は移り変わっていくのだから。

16 しがみつきたくなったら

――麦わら帽子の思考

日本は今、世界でも類を見ないスピードで高齢化が進んでいます。

それに伴って「高齢者のうつ」もひとつの社会問題になりつつあります。「定年後症候群」と呼ばれるもので、仕事がなくなってしまうことで、

「何をすればいいのかわからない」

「仕事がないのが何より不安だ」

などの思いに苛まれ、精神を病んでいってしまうのです。

もちろん問題は定年後の人たちばかりではありません。

定年を迎える前の人たちでも、30代、40代はバリバリ働いていたのに歳をとるとともに少しずつポジションや与えられる仕事が変わっていって、気落ちする。

そんな悩みもよく聞きます。

50代半ばで役職定年になったり、60代で再雇用になるときにも「給料がすごく下がって、自分の価値がどんどんなくなっていくように感じる」と語る人もいます。

自分の老いを感じるにつれ、だんだんと気持ちが弱くなっていく。

年代を問わず、決して他人事ではないでしょう。

そんなときは「麦わら帽子」のことを考えてみてください。

麦わら帽子の思考

ボロボロの王冠をかぶり続けるより、
いさぎよく麦わら帽子をかぶったほうがかっこいい。

老子の言葉

持《じ》してこれを
盈《み》たすは、
その已《や》むるに
如《し》かず。
功《こう》遂《と》げて
身の退《しりぞ》くは、
天の道なり。

医訳

いつまでも器をいっぱいにしようと
しておくのはやめたほうがいい。
自分がやるべきことをやり終えたなら、
さっさと引退したほうがいい。
そのほうがかっこいいし、
それが自然の道である。

この言葉をそのまま読むと、いつまでも「自分が、自分が」と言っていないで、やるべきことをやったら、さっと引退する。

そんな意味にとれます。

もちろんその通りなのですが、もともとは、そうやって引退した人たちが「この先の人生、どんなふうに生きればいいのかわからない」と苦しんでいる、という話だったと思います。

老子の言葉をもう少し私なりに深掘りすると「**バリバリ働いて、勝ち続けているだけが人生じゃない**」「**自分が活躍して、賞賛されているだけが大事なんじゃないよ**」というメッセージにもとれます。

定年して仕事がなくなる（あるいは、自分のポジションや待遇が変わる）ことに苦しんでいる人の多くは「自分は勝ち続けてきた。だから、勝ち続けなければ意味がない」「仕事で活躍することこそ、輝かしい人生だ」との考え方に縛られている傾向が見受けられます。

これまた「ジャッジしている」ということです。

老子の言葉を借りるなら「充足」「満足」「賞賛」「評価」などキラキラした要素で「自分の人生」を彩り、生きてきたのです。

まさに王冠をかぶっている状態です。

それが一気になくなってしまえば、不安になるのも当然です。人は誰でもキラキラとした王冠をかぶったままでいたいですから……。

気持ちはわかりますが、**「王冠をかぶり続けるだけ」が人生ではありません。**

人に勝利し、組織のなかで輝かしい活躍をすることが、人生のすべてであるはずがありません。そこを老子は説いているのです。

自分の役割の変化を理解し、何かの仕事を終えたなら、自然の流れに身を任せ、次の人に委ねていく。目の前にある境遇を受け入れ、自然に身を任せて生きていく。

そんなスタンスこそが**「自分の人生」を楽しく、したたかに生きていく**術なのです。

よく見ればもうボロボロになってしまった王冠をかぶり続ける人より、いさぎよく脱ぎ捨てて、麦わら帽子をかぶっている人のほうがかっこよくないですか。

必要なのは、今までかぶったことのない「麦わら帽子をかぶる勇気」です。

今、自分の「人生の器」が空っぽだと感じているとしても、それはおかしなことでも、嘆かわしいことでもありません。

空っぽ。最高じゃないですか。

今までは忙しくてできなかったことを思いっきりやって、新しい何かでその器を埋めていくことができる。そうやって「新しい自分」になっていけるなんて、素晴らしい生き方だと私は思います。

麦わら帽子には太陽と青空が似合います。

新しい第一歩を、そんな素敵な帽子とともに踏み出すと考えると、ちょっとわくわくしてきませんか。

まとめ

勝ち続けることだけが人生ではない。時期が来たら身を引くのが自然だし、空っぽになった器には、また新しい何かを入れればいい。

17

「ちょっとしんどい」と気づいたら

――トイレの思考

私のところを訪れる患者さんのなかには、症状や状況がすでに悪くなっていて「どうしていいかわからない……」となす術なく、うろたえている人もたくさんいます。

しかし、そんな大事になってしまう前の段階では、

「このくらい自分でなんとかしなきゃ」

「わざわざ人に言うような話じゃないし」

と思い込み、抱え込んでいるケースが非常に多いのです。

もちろん、そんな方たちにていねいに向き合い、一歩ずつ問題を解決していくのが

私たち精神科医の仕事です。

ただ世の中の常として、物事が大きくむずかしくなっている状況に対して、一発で解決するような「マジック」や「特効薬」はそもそも存在しません。

仕事の進め方においても「問題が起こったら、すぐに報告」が鉄則ですよね。「自分でなんとかしなきゃ」と思い、抱え込んでもいいことはありません。

とはいえ、なかなかそれができない……。

ついつい自分ひとりでがんばりすぎてしまう……。

そんなときは「トイレ」のことを考えてみてください。

トイレの思考

「それくらい、自分ひとりで耐えなきゃ」って誰が決めたの？
もう、我慢するのはやめなよ。

老子の言葉

難《かた》きを其《そ》の易《やす》きに図《はか》り、大なるを其の細《さい》に為《な》す。

医訳

大問題も、ごく小さなことから起こり、だんだん大きくなる。
だからこそ、むずかしい仕事は、それが易《やさ》しいうちに考え、大きなことは、それが小さいうちに対処することが大切だ。

世の中の「むずかしいこと」「たいへんなこと」のほとんどはいきなりむずかしくなったわけでも、たいへんになったわけでもありません。

川の源流のごとく、最初は一滴の水のような小さなことから始まっています。

ストレスや疲れ、精神的な負担も同じです。

日々、仕事や生活をしていて、まったく疲れていない人はまずいません。どんな人も多かれ少なかれストレスを抱え、多少なりとも疲れているでしょう。

それは日常のことなのでとりたてて問題にすることではありませんが、でもちょっとだけ**「小さな積み重ねが溜まってきていないかな」とだけは意識してほしい**のです。

以前、交通安全の年間スローガンに「行けるはず　まだ渡れるは　もう危険」というものがありました。道路上で「まだ渡れるかな」と思ったときには「もう危険な状況」になっている。そんなメッセージを端的に表しています。

人の心や体にもこの意識が大切です。

真面目で責任感が強い人ほどついがんばってしまいます。

でも実際、家に帰るとぐったりしたり、朝、目覚めたときに体が重かったり、そんな感じの人も多いのではないでしょうか。

そうした体のシグナルよりも「まだ大丈夫」「がんばらなきゃ」「休むわけにはいかない」との思いが先に立ち、ついがんばってしまうのです。

新型コロナウイルスの流行や働き方改革などにより、以前に比べれば「体調が優れないときは休みましょう」といった雰囲気は広がっていますが、無理をしてしまう人はまだまだ大勢います。

「自分ががんばらなきゃ」という責任感の強さのほかにも、「私なんてどうなってもいい」と**やや捨て鉢な自己肯定感の低さ**からきている場合もあります。

心や体が疲れているとき、それが大きくなる前にぜひ一度休んでください。

きっとあなたは「まだ大丈夫」と思うでしょう。

でも、**「まだ大丈夫」は「もう危険」**かもしれないのです。

ここでの意識は「トイレの思考」。

用を足したくてしょうがなくなってからトイレを探すと、すごく焦ってしまいますよね。そんなときに限ってトイレが見つからなかったり、人が入っていて空いていなかったり……。

でも「まだ平気かな」というくらいのうちに行っておくと、終始落ち着いた気分で過ごせます。

そんなゆとりをあなたの生活にもぜひ取り入れてほしいのです。

「あれ？　私、なんか溜まってる？」と思う前に、早めに休んだり、人を頼ったりする。**まだ「我慢」ができるうちに、問題を大きくする前に、手を打つ**のがコツです。

まとめ

「たいしたことない」と勝手に決めずに、早め早めに休んだり、人に頼ったりする勇気が大事。

WORK 2 問題点に早めに気づく～トイレのワーク

「トイレの思考」とは大きなトラブルになる前、問題が小さいうちに解決するアプローチです。

そこで大切なのは「我慢しない」。

でもその前にもっと大事なステップがあります。

それは「我慢していることに気づく」です。

多くの人は「まだ大丈夫だから」「ちょっとくらい平気だから」と無理やり自分に言い聞かせながら日々を過ごします。

しかし、それが積み重なった結果「もうダメ！」「トイレはどこ？」と大惨事になってしまいます。

つまり、あなた自身が「ギリギリまで我慢していること」に気づいていないのです。

人は「自分のギリギリ」をなかなか認識できないものです。

そこでおすすめしたいのが意識的に休む練習。

「疲れているから休む」ではなく「休むと決めているから休む」です。

日々、仕事で忙しくしている人なら、たとえば「毎週日曜日は家から絶対に出ないで、ダラダラする」「朝は自然に目が覚めるまで寝続ける」などを試してみてください。

真面目な人ほど、ダラダラ過ごすと「ああ、一日を無駄にしてしまった」と後悔すると思いますが、これはあくまでも自分で決めて実践する「ワーク」です。「タスク」と言ってもいいでしょう。

第3章21項の「ハンモックの思考」でも触れますが「何もしないをする」が大事で、「ダラダラすること」がミッションなのです。

日常的に忙しい人ほど、そうやってルールを決め、ルーティンに組み込んでしまうのがポイントです。

すると大きなトラブルになる前に充電ができます。

「そうは言ってもなかなかむずかしい」という人は本当にトイレを使ったワークをやってみてください。

「トイレに行きたいな」と思ってから立ち上がるのではなく、行きたいと思っていなくても「2時間に1回はトイレに行く」と決めて、リズムをつくる。

時間を決めるのが面倒なら「行きたいと思う前に行く」を徹底するのもアリです。

あなたの代わりに用を足してくれる人は誰もいないように、あなたのほかに、あなたの身体を休ませてくれる人は誰もいません。

「あなたのこと」はあなた自身が休ませてあげなければいけないのです。

ですから、このワークはぜひとも真剣に取り組んでみてください。

休んでみて初めて、案外「ああ、自分はすごく疲れていたんだなぁ」と気づくものです。

第3章

自分がイヤになったときの処方箋

18 自分は何も残せていないと思ったら

──昆布の思考

自分はこれまで何を達成し、何を残してきたのか。

そう考えると、自分は何も残していないので、とても暗い気分になる。

いい歳をして「何者でもない」なんて、自分の人生が無意味だったような気持ちになる。

そんなふうに「自分の功績のなさ」を嘆いている人がときどきいます。

たしかに功績、実績があるのは素晴らしいこと。

何かの賞や評価など、はっきり目に見えるものを獲得していたり、みんなから「すごい」と言われる人を羨ましく思う気持ちはわかります。

まして現代はインターネットを通して「他人の動向」が必要以上に入ってくる時代。もう何年も連絡を取っていない昔の友人が「こんな活躍をしている」「今回、本を出版した」「有名な会社の役員になっている」なんて情報も入ってきます。

知らないでいれば心がザワザワすることもないのに、知ってしまうと気にせずにはいられない。便利な情報化社会も良し悪しです。

そんなときは「昆布」のことを考えてみてください。

昆布の思考

「あ、昆布の味だ」と言われてしまうようでは「いい仕事」とは言えません。
「なんかおいしい」と言われてはじめて成功です。

老子の言葉

善《よ》く行く
ものは
轍迹《てっせき》なし。

医訳

本当に優れた生き方、
本当の業績、功績というものは
あとに何か遺物を残すような
ものではない。
優れた生き方とは
無為自然に帰するもの。
何か証《あかし》を残すことを企てるようでは
本物ではない。

少し前、若い方の間で「あれオレ詐欺」という言葉があると知りました。

「あれ、オレがやったんだぜ」と言いふらしたり、自慢したりすることだそうです。

「あの大きな仕事はオレが一枚噛んでるんだ」「○○さんが成長したのは私のおかげなのよ」と自分を誇示する人を少しばかりからかうような表現です。

しかし、そのように**自分の功績をアピールする人はたいしたことがない。功績のために善行を積もうとする人は偽物**である。

そう老子は説いています。


以前、昆布の職人さんがこんな話をしていました。

「『昆布の出汁がきいてるね』と言われるようではまだまだなんです。昆布の存在なんて気がつかないけれど、口にした人が『なんか、すごくおいしいね』と感じてくれる。それがかっこいい仕事なのだと思います」

なんとも素晴らしい姿勢だと思いませんか。

この昆布のように「本当に価値ある何かを為した人」はアピールなどしません。

それどころか「これは〇〇さんがやった仕事だ」という足跡すら残さない。

それが本物だというのです。

考えてみるとたしかにそうです。

おいしい味噌汁を飲んでいるときに、トコトコ昆布がやってきて「それ、私の味だよ。どう？　おいしいでしょ？」なんて言われたらどうでしょう。「この昆布が仕事したんだ」「そのおかげでおいしいのね」なんて意識ばかりが強くなって、ただただおいしいと思っていた純粋な気持ちは消えてしまいます。

でも実際に昆布はそんなことはしません。

自分が主役にならないけれど、陰でおいしく引き立てる。しかし「あるのとないのとでは大違い」。そんな大事な役割を無言でまっとうしています。

世の中はそうした「名もなき仕事」「形跡を感じさせない偉業」に溢れています。

私たちは日々舗装された道路を歩いていますが、その道を誰がつくったのかなんて知りません。電気やガスだってそう。大事な家族を救ってくれた薬があったとしても、その開発者の名を知ることなどまずありません。

私たちの生活は、そんな無数の「名もなき仕事や功績」に支えられていて、**それこそが素晴らしい英雄の仕事**なのです。

人間はどうしても虚栄心が先に立ち、アピールしたくなってしまうもの。「言ったもん勝ち」なんて言葉もありますし、アピール上手な人を見て「羨ましい」「悔しい」「自分はどうだろう」と悶々とすることがあるかもしれません。

でも、そんなことを気にする必要はありません。純然たる事実として、**あなたが日々やっていることは必ず人の役に立ち、回り回って誰かを支えています。**「ああ、自分は名もなき功績を残しているんだ」とこっそり、人知れず胸を張ればいいのです。そのほうが**はるかに高貴な、いい生き方**だと思います。

まとめ

「自分は何も残していない」と嘆く必要はまったくない。本当に優れた生き方をしている人は、自分の後に、何も残していかないものだ。

19

人と比べてみじめになったら

——銅像の思考

以前、ある高校生がこんな悩みを語っていました。

自分は一生懸命やっているんだけれど、成績は悪いし、クラスのなかではまったく目立たないマイナーな存在。

クラスのみんなはグループをつくって楽しくやっているのに、自分のところには誰も寄ってきてくれない。

一方、Aさんは美人で、成績もよくて、人気者。

いつも周りに人が集まり、Aさんの周囲は笑いが絶えない。

クラスで何かを決めるときは、なんとなくAさんが中心となり、Aさんが言ったことにたいてい決まってしまう。
そんなAさんと比べても意味がないとはわかっているが、どうしても自分のみじめさがイヤになってしまう。

多かれ少なかれ、誰もが経験する思いではないでしょうか。
気にしないようにしていても、どうしたって視界に入ってきてしまう。
なんともやっかいな話です。
そんなときは「銅像」のことを考えてみてください。

銅像の思考

周りは目まぐるしく変わるけど、僕は変わらないよ。
静かに「ただ、いるだけ」で十分だからね。

老子の言葉

天下、皆、
美《び》の美為《た》ることを
知る、斯《これ》、悪なる已《のみ》。
皆、善の善為る
ことを知る、
斯、不善なる已。
故《まこと》に有《う》無《む》相生《あいしょう》じ、
難易《なんい》相成《あいな》し、
長短相形《あら》わし、
高下《こうげ》相傾け、
音声相和し、
前後相随《したが》う。
是《ここ》を以《もっ》て聖人は、
無為《むい》の事《こと》に処《お》り、
不言《ふげん》の教えを行なう。

医訳

「美しい、醜い」「正しい、正しくない」
「勉強ができる、できない」「地位が高い、低い」
など、どれも他人がいてはじめて成立する
相対的な価値であって、たいしたことはない。
なぜなら、状況や運気が変わったりすれば、
あっさりと変化してしまうものだからだ。
昔から聖人と呼ばれる人は、
そのような世俗の価値観に囚われて、
焦ったり、何かを企てたりせず、あえて
「何もしない」という立場に身を置き、
余計な言葉や概念を振り回したりしない。

老子哲学のなかでも重要な考え方のひとつが**「所詮、物事は相対的」**です。

相対的とは、他との関係、比較において成り立っている様子を指します。

さきほどのケースで言うと「Aさんは勉強ができて美人で人気もあるのに、それと比べて私はダメ」というように、自分の価値を他人との比較で決めてしまうこと。

たしかに、「勉強ができる」「人気がある」「仕事ができる」「お金を持っている」「社会的地位が高い」などは、多くの人に「価値が高い」と思われがちです。

しかし、所詮はすべて相対的で、一時的なもの。

じつは、**そんなに大騒ぎするほどのことではありません。**

ある町で「神童」と呼ばれていた人だって、もっと大きな世界に行けば、落ちこぼれになりかねません。

美人の尺度にしたって時代や流行によって変わってしまうもの。絶対的、永続的なものではありません。奈良時代、平安時代には下ぶくれのおちょぼ口が美人の条件とされていたのは有名ですし、化粧にしたって、顔を真っ白に塗るのが美しい時代もあれば、歯を真っ黒にすることが推奨される時代だってあったわけです。

そもそも「醜い」という概念自体、世の中の人が「こういうものが美しい」と勝手に決めて、それと比較することで生まれています。

たとえば、**「にんじんは長い」**と聞いても、「まあ、長細い形ではあるけど」となんとなくピンときませんよね。でも、**「にんじんはじゃがいもに比べて長い」**と言われると「たしかに」と感じる。

「長短」も「善悪」も「高低」も結局は比較で明らかになる概念です。

自分がどんな環境にいて、どんな人たちが周りにいるかによって評価や価値はコロコロ変わってしまいます。

「相対的に物事を見る」とは、それくらい曖昧で不確かなものです。

だからこそ、あまり一喜一憂しない。「いちいちジャッジしない」が大切。

言うなれば、これは「銅像の思考」です。

上野の西郷さんにしても、渋谷駅前のハチ公にしても、周りの環境やそこに集まる人たちはどんどん変わっていきますが、銅像は変わることなく、どっしりとその場に存在し続けています。

引用した老子の言葉の後には「聖人は無為でいる」という意味の言葉が続きます。「無為」をそのまま解釈すると「何もしない」という意味ですが、私なりに補足するなら**「余計なことはせず、自然に振る舞う」**と捉えられます。

自分が人気者になりたいからといって無理をしたり、余計な行動を起こしたりするのはまず間違いなく逆効果。そういうときこそ「自然に、銅像のように」と自分に言い聞かせてみてください。

それこそが「無為」の境地。

銅像のように、ただあるがままでいることが結局かっこいいのです。

まとめ

すべての価値は相対的なもの。「成功している人」を見て、妬み、焦ってしまうときこそ、余計なことはせず、自然に振る舞う。

20

怒りがわいたら
——スプーンの思考

「怒り」の感情とどのように向き合うか。

近年、とくに注目のテーマではないでしょうか。

「怒りのコントロール」を意味する「アンガーマネジメント」という言葉もよく耳にするようになりましたし、そのテーマのセミナー、ワークショップに参加する人も多いようです。

精神科のクリニックでも、

「つい相手に怒りを感じてしまい、大喧嘩をしてしまう」

「いつもピリピリして、相手を憎んでしまう」

など「怒り」に関する悩みを打ち明ける人はたくさんいます。

その場の感情で怒っても、自分も相手もいいことなんてひとつもない。

それどころか、あとでものすごく気まずくなったり、いつまでもモヤモヤが残ってしまってロクなことはない。

それがわかっているのに怒ってしまう……。


人間である限り、どうしたって怒りはわき起こってきます。

そんなときは「スプーン」のことを考えてみてください。

スプーンの思考

イラッとしたら、私を出して。

フォークとナイフは置いといて相手を丸ごとすくいましょう。

老子の言葉

善《よ》く戦う者は
怒《いか》らず。
善く敵に
勝つ者は
与《とも》にせず。

医訳

優れた戦士や戦略家は
荒々しくはしないものだ。
相手に怒りを向けることもなく、
争いもしない。
しかし勝負には勝つものである。

仕事にせよ、プライベートにせよ、思う通りに事が運ばなければ、イライラしたり、怒りを覚えたりするのは当然です。

どんな人も完璧ではないので「つい、怒ってしまう」のはなかなか避けられないでしょう。

ただ、ここではひとつ**「怒るって、どれほどメリットがあるのだろう？」「怒ることで、うまくいったことはあったかな？」**と客観的に振り返ってみてほしいのです。怒りを露骨に表現すれば、一時的に周りが言うことをきいてくれるかもしれません。職場の上司やリーダーなら、そもそも役職がありますから、なおさらきいてくれるでしょう。

しかし長い目で見れば、人としての信頼を失い、みんなとの距離は（物理的にも、精神的にも）遠ざかります。最近は、パワハラで訴えられるリスクもあるでしょう。

友人同士のようなフラットな関係でも、相手に怒りをぶちまけてうまくいくことなどまずありません。自分がスッキリするならまだしも、言った側も「ああ、なんだか言いすぎちゃった」「こっちも気分が悪い」と後悔することのほうが多いはず。

そんな怒りがわき上がってきたとき、頭のなかでどう考えればいいのでしょうか。

そこで「スプーンの思考」です。

まずはナイフ、フォーク、スプーンを思い浮かべてください。

ナイフはグサッと刺したり、切り刻んだりする道具ですから、相手のダメージとなることをストレートにやり返す反応です。

フォークは尖った先端を使って、チクチク相手を刺していく方法。

一方、スプーンは相手を優しくすくい上げるイメージです。

怒りがわいてきそうなときほど、3つの食器をイメージして、ナイフやフォークではなくスプーンを選択してほしいのです。

こんなことを言うと「腹の立っている相手に優しくするなんてありえない！」と感じる方もいらっしゃるかもしれません。

しかし、ただ相手に優しくするわけではありません。

相手より大きな存在となって、相手を自分のスプーンの上にのせる。言ってみれば、てのひらの上で踊らせるイメージです。

ナイフでグサッと刺すより、フォークでチクチクやるより、ずっと大人の対応です。

「勝ち負け」で考えるのが好きな方なら、こっちのほうがよほど「勝ち」な振る舞いだとは思えないでしょうか。

老子が言うように、優れた戦略家ほど無闇に怒りをぶつけたりはしません。

理由はじつに簡単。

「怒りに任せて行動しても、決して勝利に近づかない」という真理をよくわかっているからです。

まとめ

怒りをぶちまけても、いいことなんて何もない。
相手のためじゃなく、自分の平穏のために心を大きくする。

21

「後れをとっている」と焦ったら

――ハンモックの思考

元気がない休日、何もしないで一日が終わる。

そんなこともよくあると思います。

精神的にまいってしまって、会社や学校を休んでいる人もいるでしょうし、平日は仕事をしていても、休日は寝て終わる。そんな生活も決してめずらしくはないでしょう。

ただ、そんな生活が続いてくると、

「休んでいる間に、人に抜かれてしまうのではないか」

「気合いを入れ直して、がんばらなきゃダメだ」

「自分は価値のない人間なんじゃないか」

と焦ったり、不安になったりする人が多くいます。

体は休めても心まで休むのは案外むずかしいもの。

体を休めるときには、ぜひ上手に心も休めたいものです。

そんなときは「ハンモック」のことを考えてみてください。

ハンモックの思考

「何かしなきゃ」と焦るより、覚悟を決めて、「何もしない」。

老子の言葉

無為《むい》を為《な》し、
無事《むじ》を事《こと》とし、
無味《むみ》を味わう。

医訳

余計なことは何もしないで、
焦らずに、
「味気ない生活」を
ただ味わって暮らしていく。

テレビをつけたり、スマホを開いたりすれば、バリバリ働いている人たちの情報がどんどん飛び込んできます。

すると、つい私たちは「ああ、今日も何もしないで終わってしまった」という事実に罪悪感を覚え、「このままじゃダメだ」「何かしなきゃ！」と考えてしまいます。

しかし老子的に言えば、それはそれでいいのです。

「何もしない」をする。

それもまた意味があるということです。

人生には「エネルギーいっぱいの時期」もあれば「エネルギーが著しく低下している時期」もあります。

誰が何と言おうと、**エネルギーがなくなっているときにジタバタあがいても仕方ない。**無理に何かをしようとしてもロクな結果になりません。

そういうときは「自分は何もしていない」と焦るのではなく、「『何もしない』をしているのだ」と考えてみてください。

一日中、寝たり、起きたり、ときどき食べたりを繰り返してもいいでしょうし、テレビを見たり、ゲームをしていてももちろんいいと思います。

ただぼんやりするのもいいし、近所をブラブラ散歩するだけでもいいでしょう。

考えてもみてください。

スマホだって、ワイヤレスイヤホンだって、充電が限りなくゼロに近づいてしまったら、充電器につないでじっと待つしかないでしょう。

充電している間、あっちこっちに動き回ることはできません。メールをしたり音楽を聞いたりはできるけれど、限られた範囲での行動になりますよね。

でも、そんなときに「あれこれ動かなきゃいけない！」と充電しなかったらどうなるでしょう。結果、電源が切れて、本当に動けなくなってしまいます。

私たちも同じです。

じっとエネルギーが貯まるのを待つことは絶対に必要です。

充電する時間。それが「何もしないをする時間」です。

ここでのイメージはハンモックです。

天気のいい日に、そよ風に吹かれながら、ゆらゆらと揺れるハンモックに横たわっているイメージ。

深く眠るふとんのなかとは違って、**ちょっとした昼寝みたいなもので、元気になれば、いつでもひょいっと立ち上がれます。**

ときどきハンモックの上で「何もしない時間」を過ごしていれば、エネルギーは自然と貯まっていきます。

老子はさまざまな言葉で「何もしないこと」の大切さを私たちに教えてくれます。

まとめ

「何もやる気が起きない」というときは焦ったり、「なんとかしなきゃ」と思ったりせずに、ただ「何もしない」をする。

22 不器用な自分がイヤになったら

――トラックの思考

自分は口べただから、いつも損をしている。

いい歳なのに、自分の言いたいことも伝えられず、情けない。

器用に、要領よく立ち回れる人が羨ましい。


そんなふうに感じている人もたくさんいるのではないでしょうか。

たしかに、器用な人、口がうまい人、要領がいい人はそれだけで「デキる人」と評価されがちです。

重要な仕事を任されるなど人から信頼を受けていることも多いでしょう。

とはいえ、自分だってサボっているわけじゃない。

ミーティングやプレゼンに向けて十分な準備をしているのに、肝心の「伝え方」が下手なせいでまるで評価されない。

「いったい評価ってなんだろう」

「表面だけを取り繕えば、それでいいのか」

モヤモヤするし、やるせない気持ちになる。

そんなときは荷物を積んで走る「トラック」のことを考えてみてください。

トラックの思考

おいらは不器用かもしれねぇ。
スポーツカーみてえにカッコよく走れねぇ。
だけど、デコボコ道を軽快に走れるのはおいらのほうなんだ。

老子の言葉

大巧《たいこう》は拙《せつ》なるが若《ごと》く、
大弁《たいべん》は訥《とつ》なるが若し。

医訳

本当に巧みな者は
不器用に見えるし、
真に雄弁な者というのは、
訥弁《とつべん》に見えるものだ。

※「訥弁」とは「つっかえつっかえで、うまく話せていない」こと。

まさに老子らしい逆説的な発想で**「本当に巧みな人」「価値ある人」「本質的な人」は実際には不器用に見える**ということです。

ちょっとばかり器用に振る舞い、口のうまさで乗り切っている人がときどきいますね。あなたの周りにも、そんなタイプがいるでしょう。

ただ、世の中そこまで甘くはないので、そんな人がいつまでもうまくいくことはありません。

真に優れた人ほど無駄なことを言わなかったり、深く考えてより的確な言葉を探したりするので、人から見れば口べたに映ることがあります。

そうは言っても、世の中「人に伝わらなければ意味がないじゃないか！」と言いたくなる人もいるでしょう。

ただし、伝え方とは一種のテクニックです。

知識や技術を学び、練習することで、一歩ずつでも「伝え方」は鍛えられます。

そういう意味では、思慮深く言葉を選ぶ人が「伝え方のテクニック」を身につけたら、それはもう最強です。

口先だけの人とは、まったく違った魅力を放つことができることでしょう。

器用で口がうまい人は、たとえるならスポーツカーです。

きれいに舗装された道路なら、ものすごいスピードで軽快に駆け抜けていけます。

「クールでかっこいい！」と言われ、人から羨ましがられることもあるでしょう。

でも、実際の仕事や生活で通るのは、アスファルトで完璧に舗装されたきれいな道ばかりではありません。

人生にはデコボコ道がつきものです。

かっこいいスポーツカーが砂利だらけで、凹凸だらけの道に直面した場面を想像してみてください。これほど無意味で、せつないものはありません。

結局、どんな道でもゴールまでの行程を安心して乗っていられるのは、間違いなくトラックです。

引っ越しなどたくさんの荷物を運ばなければならないときも、スポーツカーはまったく役に立ちません。たとえ時間がかかっても、スマートに見えなくても、着実なのはやっぱり無骨なトラックです。

舗装された道をスポーツカーが軽快に走っているときは、好きに走らせてやればいいのです。でも本当の実力がなければ、いつかはメッキが剥がれますし、ところ変われば、まったく役に立ちません。

いずれ、**あなたの能力や経験が必要とされるタイミングは訪れます。**

そのときまで自分の考えを深め、コツコツとテクニックを身につけておけばいいのだと思います。

まとめ

口がうまく、器用で、要領よく立ち回っている人ほどたいしたことはない。真に「巧みな人」は案外不器用に見える。

23

「何も成し遂げず歳ばかりとった」と感じたら

——地球の思考

若くして成功したスポーツ選手やアーティストを見ると「すごいなあ」「かっこいいなあ」と憧れてしまう。

あるいは、仕事や趣味のコミュニティで活躍する後輩を見て、

「若いのによくできて羨ましい」

「私が同じ年の頃はあんなに気が回らなかった」

などと感じることがあるでしょう。

そのほか、会社のなかで同期の活躍だけは妙に気になってしまう。

同期の昇進や活躍を素直に喜べない自分がいる。

そんな人もたくさんいます。

同年代や年下の人の活躍に触れると焦りを感じることがあると思います。

同世代というのはそれだけで親しみを感じられる一方、妙なライバル意識や劣等感を覚える存在でもあるでしょう。

そんなときは「地球」のことを考えてみてください。

地球の思考

本当に偉大なものは、
そもそも完成しないのさ。

老子の言葉

大方《たいほう》は隅《ぐう》無し。
大器《たいき》は晩成《ばんせい》す。

医訳

四角形をどんどん大きくしていくと、
その大きさは感じられなくなり、
どこが隅だかわからなくなる。
本当に大きなことを為す人というのは、
なかなか完成しないものだ。

※「大方」とは「とても大きな四角形」のこと。

「大器晩成」という言葉をご存じの方も多いと思います。じつはこの言葉、老子の思想がもとになっています。

昨今はスピード勝負の世の中なので「いかに早く結果を出すか」「いかに早く成功するか」の「早さ」ばかりがクローズアップされがちです。

自分より「早く」「若くして」成功している人を羨ましく感じるのも当然です。

たしかにスピードは大事。

しかしその一方、じっくり取り組まなければいけない研究や時間をかけなければ達成しえないプロジェクトや仕事だってたくさんあります。

それは「人」も同じです。

若い時分から優れた能力を発揮し、早々に認められ、20代、30代のうちに大金を稼ぐ人もいる一方で、年齢を重ねた後に真価が認められ、大きな仕事を成し遂げる人もいます。

音楽家のベートーヴェンは40代になって、聴覚をほとんど失ってから、真の名作を残したとされています。

人それぞれ、結果を出すタイミングは違う。

誰もが知っておくべき大事な要素だと私は感じます。

そしてもうひとつ、ここで取り上げた老子の「大器晩成」には「偉大なものはなかなか完成しない」という一般的な理解とは別に、少し違った捉え方が存在します。

それは**「本当に偉大なものは、そもそも完成しない」**という解釈です。

これもまた、とても詩的で深みのある解釈ではないでしょうか。

現代を生きる私たちはつい「目に見える結果」「成果」「成功」といった「完成形」に右往左往しがちです。

しかし、本当に大切なものは「目に見える形」で完成したりはしない。

仏教の「悟りの境地」のようなもの。

そう表現するとイメージしやすいでしょうか。

たとえば、ネット上の事典として多くの人が使っている「ウィキペディア」も常に書き換えられ「永遠に完成しない」がもともとのコンセプトだと聞いたことがあります。**だからこそ価値があり、価値が永続的になる。**

私たちが暮らすこの地球も、もっと大きな宇宙というものも、決して完成することなく変化を続けています。そもそも私たち自身が「未完の地球」の一部なのです。

そう考えると**「成し遂げた」「完成した」と思うこと自体、人間の勝手な思い込み**でしかありません。宮沢賢治は『農民芸術概論綱要』という作品で「永久の未完成これ完成である」と語っています。

本当に偉大なものは完成しない。

ある意味、老子らしい厭世観が出ていると言えばその通りなのですが、私は個人的にこの解釈がとても気に入っています。

まとめ

「本当に偉大なもの」は決して完成などしない。
「あの人は何かを成し遂げた」なんて必ずしも言い切れるだろうか？

24 「知識がない」のがイヤになったら

——0点の思考

自分には知識がない。学がない。

IT（情報技術）のことも、経済のことも、社会のことも何もわからない。

そうしたことに引け目を感じている人も多いのではないでしょうか。

一流大学を出た、欧米の名門大学院でMBAを取得した、むずかしい資格を取った。

そんな人たちを見て「自分には何もない」と悩んでいる人もいるでしょう。

もちろん相応の努力をして幅広い知識を身につけたり、むずかしい試験をパスしたりした人は立派です。

でも、その人たちが素晴らしいからといって、「知識や学がない人」がダメな人間というわけではありません。

わかっていても、つい「学がない」「資格がない」と悩んでしまう。

そんなときは「0点」のことを考えてみてください。

0点の思考

「人に勝つため」に学ぶのなんて、かっこ悪い。

だから、僕は「知らない」ってはっきり言うよ。

老子の言葉

学《がく》を絶《た》てば、憂《うれ》い無し。

医訳

学ぶことをやめてしまえば、
思い煩《わずら》うことはなくなる。
自分の価値を損なうような学びなんて、
いっそやめてしまったほうが
屈託なく生きていける。

改めて言うまでもなく、学ぶことは大切です。

老子だって「絶対学ぶな！」と言っているわけではありません。

しかし、どんな種類の学びにせよ「学んでいない人はダメ」「知識のない者は下級の人間」なんてつまらないヒエラルキー意識を植えつけられるくらいなら、そんな学問はさっさとやめてしまったほうがいい。

老子はそこを言っているのです。私もそう思います。

では、私たちはいったい何のために学ぶのでしょうか。

これまたむずかしいテーマですが、ひとつ言えることは「自分が豊かになるため」だと思います。人と比べてどうこうでなく、あなたがあなたらしく、自然のままに生きること。それこそが老子の教える「豊かさ」だと私は捉えています。

他人との間に優劣をつけ、結果自分が苦しむくらいなら「私は0点です」と笑いながら生きているほうがいい。そんな本質を老子は説いているのです。

学のある人と自分を比べて無知を嘆くくらいなら、「学ばない自分」「素直で、伸びやかな自分」をもっと謳歌してみてください。

それともうひとつ、老子のこの言葉には違った角度のメッセージも込められていると私は解釈しています。

有史以来、いろいろな学者や科学者がさまざまな研究を続け、文明を発達させてきました。その恩恵にあずかることで、私たちは便利で快適な生活を送っていますが、文明の発達が真の意味で、私たちを幸せに導いてくれているでしょうか。

そんな疑念も心のどこかにあるわけです。

武器や兵器の開発、原子力の活用リスクなど、文明によって生まれた「負の側面」も当然あります。昨今はＡＩ（人工知能）が加速度的に進歩しています。その発達が本当に「正しい」と言えるのか。そんな議論もあります。

もしかしたら、老子が言うように「学ぶことなどやめてしまえば、私たちは（人類という大きな枠組みにおいても）楽になる」のかもしれません。

そんな壮大なテーマも考えさせられる言葉です。**「学びの価値」とは、そう簡単に**

決められるものではないのです。

ちょっと裏話を付け加えるなら、老子のこの言葉には**「孔子への反発心がある」との説もあります。**

老子の時代、「学び」と言えば「儒教」、すなわち「孔子の教え」を指していました。老子の主張には「そんな堅苦しいものを学んだって仕方ない」との意味合いもあったようです。

儒教には「こうやって人生を送るのが正しい」というわゆる「べき論」もたくさん出てきますが、それを老子は否定して**「何が正しいかなんてわからないでしょ」**と言いたかったのかもしれません。仮に孔子へのアンチテーゼで語られた言葉だとしても、それもまた「老子らしくて、悪くないなぁ」と私は好意的に受け止めています。

まとめ

知識や学が、そのまま自分の価値につながるわけではない。だから、学がないことに引け目を感じる必要はない。

25

自分が情けなく思えたら

──マカロニの思考

自信満々で、常に堂々としている人を見ると本当に尊敬してしまう。
それに比べて自分はいつもフニャフニャ。
情けないとは思うけれど、どうしようもない。

反対に、自信のなさから、ついつい強がってしまう。
だから、表面的には仕事ができると思われているけれど、「強い自分像」に現実がついていけない。

そんな悩みを抱えている人もじつはたくさんいるものです。

たしかに、自信に満ち溢れている姿は素晴らしいものです。

そんな人がカリスマ的なリーダーシップを発揮し、いろいろなプロジェクトを成功に導いているのも事実でしょう。

しかし、そんな「いかにも堂々としたスタンス」だけが素晴らしいかと言えば、そんなことはありません。

そんなときは「マカロニ」のことを考えてみてください。

マカロニの思考

別にこれといって芯はないよ。

老子の言葉

強大なるは下《しも》に処《お》り、柔弱《じゅうじゃく》なるは上《かみ》に処る。

医訳

硬く、こわばっているより、
フニャフニャとして
柔らかいもののほうがいい。
樹木にしても、若いうちは柔らかいが、
歳をとって枯れると硬くなってくる。
強く硬いものより、
柔らかいもののほうが
より「生」に近いのだ。

「強いよりも弱く」「硬いよりも柔らかく」。

じつに老子らしいメッセージです。

そもそも老子の重要な考え方のひとつに「柔弱謙下《じゅうじゃくけんげ》」というものがあります。

これには**「人間は弱くていい。いや、むしろ弱いほうがしぶとく生きられる」**という意味が込められています。

柔らかくて弱いものにはしなやかで粘り強いところがあり、謙虚で、他人よりも低いところにいる人は本当の強さを持っている。そのような意味です。

自信満々で自分の価値観を信じ、絶対的な強さで引っ張っていくリーダーは素晴らしい。

しかし**世の中、そんな強いリーダーだけではなかなかうまく回っていきません。**

中国史を紐解いてみても「強さと規律」という、いわゆる儒教的な思想で国を引っ張ってきたリーダーもいれば、「ゆるく、自然に」という、まさに老子的発想で国を治めていたリーダーもいます。

『「タオ＝道」の思想』という本でも紹介されているのですが、中国全土が戦乱に明け暮れていた戦国時代を終わらせた英雄として知られる秦《しん》の始皇帝は、まさに前者のタイプのリーダーでした。

中央集権的な新しい社会をつくり、有名な「万里の長城」を構築し、「阿房宮《あぼう》」という大宮殿をつくるなど大工事を次々と実施しました。

そうした歴史的功績は揺るがないとしても、労役、兵役、重税などに庶民が苦しめられていた事実も一方では存在します。それを逃れようとする民は厳しく法律で罰せられました。

まさに**「強さと規律」の政治**です。

一方、秦国の体制を崩壊させ、漢という新しい国を築いた劉邦《りゅうほう》はできるだけ法の力を弱め、人民の意欲や自主性を重んじ、自然の流れに任せた政治を行います。

そんな劉邦の流れを汲み、もっとも老子哲学に影響を受けていたとされるのが五代目の文帝です。

強く硬い始皇帝と、弱く柔軟な劉邦や文帝。

どちらのリーダーシップがよくて、どちらが悪いという話ではありません。

まさに「ジャッジフリー」。

それぞれの「時」に応じて、適した方法を取ればそれでいいのです。

さて、現代はどうでしょうか。

強烈なリーダーシップを発揮する個人が自身の価値観に基づき、チームをグイグイ引っ張っていくスタイルは、どちらかといえば衰退の方向へ向かっているように私は感じます。

世の中や組織のあり方、ビジネスの様式、個々人の働き方、意識や常識が大きく変わりつつある現代では、過去の成功体験は通用しなくなり、個人の価値観を押し通すことは許されなくなってきています。

強い支配、強いマネジメントは時代にそぐわなくなっているようです。

そんな時代に求められるのは、多様な価値観を認め合いながら、みんなが主体的に考え、取り組んでいくことであり、自由で伸びやかな雰囲気を創出できるリーダーではないでしょうか。

まさに**「柔弱謙下」を実践できる人材が時代に求められています。**

「強さ」は往々にしてポジティブに捉えられ、「弱さ」はネガティブに考えられがちです。

しかし老子の言葉にもあるように、強さは「折れやすい」「他者を受け入れにくい」「みんなが安心できない」といった側面を持っています。

一方「弱さ」は「柔軟で、しなやか」「他者を受け入れられる」「みんなを安心させ、力を発揮させる」という素晴らしい側面を備えています。

マカロニだって茹でたてはフニャッとして柔らかい。

しかし、時間がたつと水分が抜けてカチカチになってしまいます。そうなってしまうと、もうおいしくありません。

老子は、柔弱なものは「生」の類に属し、堅強なものは「死」の類に属すとも言っています。たしかに生物の体は生きているときは柔らかく、死ぬと硬くなります。草も生きているときは柔らかいが、死ねば枯れてパリパリになる。

柔らかく弱いことは、生きている証明でもあります。

どちらがいい、悪いではなく、すべては相対的なものなのです。

もし、あなたが「自分は弱い」と感じているなら、間違っても「弱い」イコール「ダメな人間」とは思わないでください。強さが必要な場面では、強い人に活躍してもらえばいいじゃないですか。それだけの話です。

世の中には「弱さが必要な場面」が必ずあります。きっとそれは、あなたが想像している以上にたくさんあります。

ですからむしろ強がるのは「損」です。

弱い自分をうまいこと前に出していく工夫のほうが必要です。

まとめ

柔らかく弱いことは、生きているということ。
むしろ弱いほうが、しぶとく生きられる。

26 自信のない自分がイヤになったら
――羊の毛の思考

私はいつも自信がない。

自己肯定感は低いし、オドオド、ビクビクしてしまう。

職場の上司からは「嘘でもいいから、もっと自信ありそうに振る舞え！」「自信がなさそうなだけで、相手に信用されないし、仕事がデキないヤツだと思われるぞ！」と言われる。


そう言われても、自信ありげになんて振る舞えない……。

自信満々な人を見ると、それだけで羨ましいし、自分がイヤになる。

そんな人もとても多いと思います。

たしかに、自信満々の人を見ると、

「どうして、あんなふうに振る舞えるのだろう」

「それに比べて自分は」

と思ってしまいますよね。

そんなときは「羊の毛」のことを考えてみてください。

羊の毛の思考

強さばかりを打ち出すなんて、あやういもの。
実際より、弱々しく見せておくくらいでちょうどいい。

老子の言葉

其《そ》の雄《ゆう》を
知りて、
其の雌《し》を守る。

医訳

自分の強さだけを鼻にかけて
進んでいると、
かえって狙われて危険である。
危なさをわきまえ、
どこか弱々しく進むのが
結局いちばん強い。

いつの頃からか**「自己肯定感」**という言葉がさかんに使われるようになりました。

本来的には「自分を肯定する」わけですから、どんな自分でもありのままに肯定できるといいのですが、なかなかむずかしいところです。

「仕事がデキる人はすごいけれど、自分はダメだ」「あの人はおしゃべりが上手でコミュニケーション能力が高いからいいけれど、自分はそんなことはできない」といった調子で「肯定する理由」を求めるケースがとても増えています。

「自信がある＝自己肯定感が高い」と解釈される場面も多いようです。

世の中では「自信がある＝いいこと」「自信がない＝悪いこと」と思われがちですが、本当にそうでしょうか。

老子は「そんな自信満々でやっていくより、少しくらい弱々しく進んでいくほうがいい」、それどころか「弱々しくいる人のほうが本当は強い」と語っています。

多くの人は周囲より仕事ができたり、スポーツができたり、勉強ができたりすると自信満々になりがちです。まあ当然ですよね。

しかしこの状態になってしまうと、いろいろな人から疎《うと》ましがられたり、嫌われたり、邪魔をされたりします。

表でも裏でも攻撃を受け、人との軋轢《あつれき》も絶えません。

人間、そんなに強くありませんから、周りから嫌われ、攻撃を受け続けるとダメージが少しずつ溜まっていって、段々と気弱になっていきます。

気がつくと、いつも周囲を気にして**「みんなが悪口を言っているんじゃないか」と疑心暗鬼**になり、心が休まらなくなります。

その不安から周りに対して攻撃的になる人もよくいます。

強さばかりを前面に打ち出し、**自信満々でいるのもなかなかしんどいもの**です。

そんなときに考えたいのが「羊の毛の思考」。

イソップ寓話に「ライオンの皮を被ったロバ」という話があります。ライオンの皮を被ったロバが他の動物たちを恐れさせるのですが、最後は見破られてしまう。強さを装ってみても、所詮、それはまやかしだったという物語です。

世の中を見渡すと「自信満々の人」「自信がなさそうな人」「強い人」「弱い人」い

ろいろいるように感じますが、私は少し違った捉え方をしています。

「いつでも強い」「常に自信満々」なんて人はいなくて、**どんな人も強かったり弱かったり、いろんな側面を持っている。**

もし「いつでも強い」「常に自信満々」という人がいたら、それは強そうに振る舞っているだけで、本当に強い人ではありません。

老子が言うように、「強さ」や「自信」ばかりを周りにアピールするなんてじつにあやういことです。

そんなことをするくらいなら「弱々しい羊の毛」でも被って**「私は弱いんですよぉ」「自信がないんですよねぇ」とうそぶいていればいい**のです。

そのほうがずっと余裕があって素敵な人に見えます。

まとめ

強さや自信を羨む必要なんてない。むしろ弱さを装う。そのほうが余裕を持って、伸び伸びと生きていける。

WORK 3

イライラをコントロールできる～スプーンのワーク

怒りは瞬間的な感情です。

だからこそ、イラッとしたとき、何も考えずに激昂して、あとで悔やむ……そんなことが多いのです。

そうならないためにも怒りをコントロールする練習をしておくことが大切です。

イライラ、モヤモヤすることを思い出しながら、実際にナイフとフォークとスプーンをテーブルの上に並べてみてください。

まずはナイフを手に取って「グサッと刺すとしたら、こういう言い方、こういうやり方だよな」と想像してみます。

想像したらナイフを置いて、今度はフォークを手に取ります。

「フォークでチクチクやるとしたら、こんな言い方、こんなやり方かなぁ」と今度も想像してみます。

そして、最後にスプーンを手に取り「相手を優しくすくい上げるとしたら、どういう言い方かなぁ、どんな方法があるかなぁ」と考えてみます。

そうやって考えている時点で、あなたの怒り、モヤモヤはほとんど消え去っています。それくらい怒りは瞬間的な感情なのです。

実際に食器を使いながら考えていると、自分の心が客観視できるので感情マネジメントには最適です。

そして、本当に「怒り」の場面に遭遇したときには頭のなかにナイフ、フォーク、スプーンを思い描いてください。

想像のなかでナイフやフォークを手に取って、「いやいや、これは違うな」「やっぱりこっちだよね」と思い直してスプーンを取る。

そんなイメージをするのです。

相手の全身を大きなスプーンですくい上げ、小さな相手がコロンとくぼみに転がっている。そんなふうに考えれば、怒る気力もなくなるのではないでしょうか。

自分だけでなく周りの人の言動についても「ナイフ、フォーク、スプーン」をイメージしてみてください。

すると、「ああ、この人はすぐにナイフ出すよね」「あの人はチクチク、フォークを使いまくるなぁ」などと感じるようになってきます。

でも、あなた自身は穏やかで、気持ちがトゲトゲすることはありません。

第4章

なんだか思い通りにいかないときの処方箋

27

ナメられていると思ったら

——水の思考

高い給料がほしい。高い地位がほしい。

いい生活がしたいし、人から尊敬されていたい。

でも、実際にはなかなかうまくいかず、いつまでも下っ端。

人からバカにされ、ナメられているような気がする。


そんなふうに「自分が弱いばっかりに周りから評価されず、損をしている」と感じている方も多いと思います。

弱いより強いほうがいい。一般的にはそう考えることが多いかもしれません。

しかし「強いほうがいい」「弱いからダメ」の前提がただの思い込みだったとしたた

ら、どうでしょう。

多くの人が望んでいる「いい生活をして、人から尊敬されたり、羨まれたりすること」は本当に素晴らしいのでしょうか。

なんだか価値観がぐらぐら、ゆらゆらしてきませんか。

そんなときには「水」のことを考えてみてください。

水の思考

下へ下へと流れます。

どんな細い川も通りますし、氷にも蒸気にも変わります。

でも、たまには岩も砕きます。

老子の言葉

上善《じょうぜん》水の若《ごと》し。

医訳

最高の存在とは水のようなものである。
人が嫌がる「低いところ」へ流れ、
そこに留まる性質がある。
水というのは、柔らかく、
弱い存在であるかのように思えるが、
実際には岩をも砕く強さがある。
水は、弱く、争わない存在であるが、
結局は勝利を収める。
中途半端に強くなろうとせず、
「水のごとく」あえて弱さを選択するのも
ひとつの方法である。

何をもって強いというのか。

何をもって弱いというのか。

そもそもその判断は曖昧ですが、老子は「水こそが最強だ」と説いています。

「上善」とは一般的な「善」よりさらに上のもの。老子の考える最高の生き方です。

それほど「水という存在」を理想的だと捉えています。

とはいえ、普通に考えると「水って、いつも飲んだり、手を洗ったりするあの水でしょ？　あんな弱そうなものがなんで強いの？」と思ってしまいますよね。

でも、少し想像してみてください。

水は荒々しい滝になり、大きな岩を打ち砕くこともあれば、静かに長年ぽつりぽつりと忍耐強く垂れて、硬い石に穴を開けることもあります。

さらに、水がなければ私たち生物はみな生きていけません。あらゆる自然に恵みを与えてくれる、なくてはならない存在です。

そんな「最強の存在」でありながら、水たまりのように、みんながイヤだと敬遠する、汚くて低い場所に落ち着いていく。そんな謙虚さも持ち合わせています。

ひるがえって「自分は強い！」「自分のほうが上の存在だ！」と必死でマウンティングする人を想像してみてください。

「強さ」を誇示しているものの、水のあり方とは正反対。

水がもし人間だったら、そんな見苦しい人を尻目に「あなたは私の上に立ちたいんですね。はいはい、わかりました。じゃあ私は下に流れていきますよ」と自らすすんで下の存在になるのではないでしょうか。

水は必要とあらば水蒸気になったり、氷になったり。四角くなったり、丸くなったり、臨機応変に姿形を変えます。

それは、一見すると主体性がない、弱いもののようにも思えます。

しかし老子は**「天下に水より柔弱《じゅうじゃく》なるは莫《な》し。而《しか》も堅強《けんきょう》を攻《せ》むる者、これに能《よ》く勝《まさ》る莫し。其《そ》の以《もっ》てこれを易《か》うるもの無きを以てなり」**と語っています。

「この世には水より柔らかく弱いものはない。しかし、硬くて強いものを攻めるとしたら、水に勝てるものはない。なぜなら、水そのものの本質は変化させられないからである」といった意味です。

水の弱さ、すなわち柔軟さがあるからこそ、堅強なものに勝つ。

そう考えると「弱さ＝ダメ」ではなく**「弱さ＝最強の武器」**にもなり得るのです。

老子はほかにも「弱いものが強いものに勝つという事実はみんな知っている。それなのに、実行できる人はほとんどいない」とも話しています。

それほどの真理でありながら、行動に移すのはむずかしい。

それが「水のごとく生きる」ということなのでしょう。

もし、私たちが水のように「あえて弱さを選択する」したたかな発想を持てたとしたら、これまでのように心が揺さぶられることはなくなるはずです。

まとめ

「自分は弱い」と嘆くのではなく、あえて弱さを選択する。水のように柔弱であることが、最強なのだ。

28

認めてもらえないと思ったら

——太陽の思考

どんな組織、グループにも「人知れずがんばっている人」がいます。

みんなが嫌がる仕事を黙々とやり、誰に頼まれたわけでもないのに事務所の掃除をしてくれたり、面倒な対応をすすんでやってくれたりする。

しかし、そんな陰の努力や貢献が必ず評価され、報われるかといえば、そうとは言い切れないでしょう。

いつも正しいことをしているのに誰も評価してくれない。

認めてくれないどころか、誰も気づいてさえくれない。

精神科のクリニックを訪れる患者さんにも、こういった理由から、

「誰にも相手にされていない」

「自分は孤独な存在だ」

という心情を吐露する方は大勢います。

そんなときは「太陽」のことを考えてみてください。

太陽の思考

みんなは私を見てくれないけど、
これからも、私は「私らしく」やっていきます。

老子の言葉

天網《てんもう》恢恢《かいかい》、疎《そ》にして漏《も》らさず。

医訳

悪い人を捕まえるために
天が張りめぐらせた網は、
一見すると粗いように感じるけれど、
実際にはひとりも取り逃がすことがない。

この言葉だけだと何のことだかピンときませんが、古くから日本人に親しまれてきた表現に**「お天道様は見ている」**というものがあります。

老子の言葉にあるように「悪いこと」をすれば、お天道様は見ていますし、反対に、誰も見ていないところで「いいこと」をしたなら、やっぱりそれも天が見ていてくれる。

日本人である私たちにしてみれば、とんでもなく平凡なメッセージで「今さらそんなことを言われてもなあ」と感じるかもしれません。

しかし、私はこの言葉には、何か**とても大事な哲学や思想が含まれている**と思えます。

たとえば、みんなが嫌がる仕事をいつもしていたり、人が見ていないところで、みんなのために力を尽くしたりしていると「なんで私ばっかり、こんなことをやっているんだろう」「自分だけが損をしているのではないか」という気持ちになることがあります。

もちろん、そういう方たちだって最初から、誰かに評価されるためにがんばっているわけではありません。

もともとは、自主的にすすんでやっているのです。

しかしやっぱり人間ですから、**がんばれば誰かに認めてもらいたいし、評価してもらいたい**。そう思わずにはいられません。


ただ、少し考えてみてください。

人知れずゴミを拾ったり、机を拭いたり。

家族には当たり前だと思われているけれど、毎日頭を悩ませながら料理をつくったり、掃除をしたり。

そんな努力を、誰かに気づいてもらえないからといって、あなたは一切やめてしまうでしょうか。やめてしまえば、あなたの心はスッキリするでしょうか。

おそらくしないと思います。あなたは別に陰の貢献をやめたいわけでも、損をしないよう、ズル賢く振る舞いたいわけでもありません。

もしかすると「お天道様」とは、ほかの誰でもない「あなた自身」かもしれません。

「あなたのがんばり」をいちばん見ているのは「あなた自身」だからです。

もし、あなたが自分の心に嘘をつき、無理をしてまで「自分らしくない振る舞い」をしたら、あなたを見ているあなた自身が自分のことを嫌いになってしまうかもしれません。

やっぱりあなたは、**ただ純粋に「自分が好きな自分」として振る舞っていればいいのです。**

いつか誰かが気づいてくれるかもしれないですし、まったく別の場所で、あなたの心の美しさに気づいてくれる人が現れるかもしれません。

もちろん、そんな期待をするわけではありませんが、私は、この老子の言葉をそのように解釈しています。

まとめ

「自分のがんばりは伝わらない」と嘆くのはもう終わり。
あなた自身が、あなたを毎日見つめているではないですか。

29

恨みが消えないときは

――ミットの思考

ある人から侮辱を受け、軽蔑された。

ありもしない嘘をでっち上げられ、悪人扱いされた。

そんな経験から、「いつか必ず復讐してやる！」と語気強く語る患者さんはたくさんいます。


そうした経験がある種のトラウマとなっているわけですが、うつ病において「トラウマ論」は大きなテーマのひとつです。

「人からひどい仕打ちを受けた」という事実自体、もちろんストレスになります。

しかし、それに加えて「相手を恨み続けること」が新たなストレスとなり、心に大きな負担をかけてしまいます。

相手のことを考えるだけで、感情が高ぶり、夜も眠れなくなる。

そして、憎悪に駆られる自分がさらにイヤになる。

そうやって体調を崩していく人も決してめずらしくありません。

そんなときはキャッチャーが使う「ミット」のことを考えてみてください。

ミットの思考

けっこう強いボールを受けたけど、

僕は優しく投げ返すよ。

そーれ。

老子の言葉

怨《うら》みに報《むく》ゆるに徳《とく》を以《もっ》てす。

医訳

恨みを恨みで返していれば、
争いがやむことはない。
かえって苦しみ、新たなストレスを
背負い込むことになる。
ひどい扱いを受けても、
まるで恩を受けたように、
そっと優しく返してあげるのが、
徳というもの。
そのほうがかえって
気持ちが落ち着いてくる。

相手からひどい扱いをされたとき「まるで恩を受けたように、優しく返してあげましょう」と言っても、なかなか受け入れられるものではありません。「そんなこと、できるわけがない」となるのが普通の反応でしょう。

ただ、そこで一度「どうせ反応するなら、もっと別の反応はできないかな?」と視点を変えて、ちょっとだけ考えてみてほしいのです。

今ごろ、あなたを苛立たせた相手はあなたのことなど気にもしていない。それなのに、自分ばかりがどんどん苦しくなっているなんて、余計に腹が立つと思いませんか。

前の項目「太陽の思考」でもお話ししたように、自分を見ているのは自分自身。

そう考えると「イヤなことをされた相手に、徳をもって優しく接する」なんてことができたら、そんな自分を「すごい!」「立派だ」と褒めてあげられます。

きっと、そのほうがあなた自身が気持ちいいのではないでしょうか。

日々暮らしていれば、そういった「憎らしい人」「気に障る人」があなたの視界にガンガン入ってくることもあります。今は目の前にいなくても、何度も記憶のなかに登場し、イヤなシーンをリピートしてくることもあるでしょう。

そのときこそ「ミットの思考」です。

キャッチャーミットでボールを受け取ったら、怒りで強く投げ返すのではなく、優しく投げ返す。それでもまた強いボールが飛んできて、投げ返すのがイヤになったら、横にコロン。**まともに受け取らない。試合放棄だってありです。**

私はこの老子のメッセージを、そんな「したたかさ」をすすめる言葉と捉えています。イヤなことをされたときほど**「ここは器の違いを見せてやる」**。

そんな気持ちになれればこっちのものです。

余談ながら、今もなお世界ではたくさんの地域紛争や戦争が起こっています。そのなかには「恨みが恨みを生んでいる構図」も少なくありません。

しかし、中華民国(台湾)の初代総統である蒋介石《しょうかいせき》は、第二次世界大戦後、日本がアジアのさまざまな国に戦後賠償を支払うことになった際、この老子の言葉を用い、受け取りを断りました。戦争という、とてつもなく大きな恨みがあるはずなのに「恨みに報いるに、徳を以てす」という言葉を述べ、国として、一国の代表として「大きな徳」を示してくれたのです。

恨みに囚われている人たちにしてみれば、ここで言う老子の言葉は「机上の空論」「きれい事」に聞こえるかもしれません。

しかし、そんなふうに**怒りにまみれて、本当に幸せなのでしょうか。**

「みんなが豊かに、幸せに生きていくために本当はどうすべきなのか?」という本質に立ち返ったとき、老子のこのシンプルなメッセージが何か大事なことを教えてくれているように、私には思えてなりません。

まとめ

恨みを恨みで返していたら、新たなストレスが増える。もうこれ以上、イヤな気持ちを増やさないようにする。

30 絶望したら
——塩むすびの思考

自分の人生はいつも運が悪くて、不幸な境遇で育ってきた。

家庭は貧しく、両親も、親戚も、友人も誰も助けてくれない。

会社に入っても上司に恵まれず、気づくといじめられている。

これまで必死で努力してきたけれど、一向に報われない。


そうした人たちが辛い境遇にあるのは事実でしょう。

がんばっても報われないことが何度も続くと、

「希望を持て！」

「前向きに生きていこう！」

と言われても、そんな気分にはなれないと思います。


それどころか「前向きにがんばろう」と言われれば言われるほど、

「私のことなんて何もわからないくせに」

「無責任なことを言いやがって」

とさらに気持ちが荒《すさ》んでくることもあるでしょう。

そんなときは「塩むすび」のことを考えてみてください。

塩むすびの思考

十分なのに、
自分で「足りない」って思い込んでいるだけかもしれない。

老子の言葉

足《た》るを知れば
辱《はずかし》められず、
止《とど》まるを
知れば
殆《あや》うからず。

医訳

常に「足る」を知り、
それ以上の名誉、お金、地位を
求めなければ、
辱《はずかし》めを受けることはなくなる。
「ほどよいレベル」というものを知り、
それ以上を望まなければ、
いろいろな危険性もなくなる。

以前、都内の高級マンションに住み、年収5000万円を超える人が、ある精神科のクリニックを訪れたときの話を聞いたことがあります。

その人は、そんな裕福な状態でも「足りない、足りない」「自分は不幸だ、不運だ」と嘆き、苦しんでいたそうです。

経済面だけを見れば、十分満たされ、恵まれているはずですが、（経済的な面を含めて）本人は不足を感じているのです。

何をもって満足とするのか。何をもって幸せや幸運を感じるのか。

ここで大事なのは、幸せや満足は絶対的なものではなく、すべて相対的なものに過ぎない。そんな視点です。

もし、あなたが今**「私には、他の人よりも幸せが足りない」**と感じているなら**「はて、本当に足りていないのかな？」と確認してみるタイミング**なのかもしれません。

なぜなら「幸・不幸」は立ち位置によって感じ方が変わってくるからです。

たとえば、長期の入院が続き、なかなか外に出ることができない人がいるとします。

その人が、ある夏の日にやっと退院できた。輝く太陽光を浴び、大空の下を散歩したら、このうえない幸せを感じるでしょう。

しかし、毎日暑いなか、長袖で仕事をしている工事現場の人からすれば「今日は太陽が照って暑いなあ。ついてないなあ」と不幸を感じるかもしれません。

結局人生とは「感じ方」によって決まるもの。

現実そのものではなく、「どう感じるか」が私たちの現実をつくっているのです。

たとえば、塩むすびを食べたとき「なんて質素で、味気ないんだ」と嘆くのか。

はたまた「ごはんの甘みが感じられる」「シンプルなおむすびがいちばんおいしい！」と、その小さな幸せを感じるのか。

あなたはどう感じるでしょう?

後者の人にとって、塩むすびは幸せな現実をつくってくれるものになります。

松下電器（現・パナソニック）を一代で築いた松下幸之助さんの有名なエピソードに、採用面接のとき「**これまでの人生、あなたは幸運でしたか?　不運でしたか?**」

と質問するというものがあります。「幸運だった」と答えた人を採用し、「不運だ」という人は不採用にしたという話です。

もちろん「幸運」「不運」の事実が大事なのではなく、その人が「どう感じながら生きてきたのか」を松下幸之助さんは知りたがったのです。

足るを知り「自分の人生は幸運に満ちている」と感じる人は、やはり謙虚になれますし、一生懸命働き、他人への感謝も忘れません。

日常のなかにある「小さな幸せ」を感じながら生きる。

もしかすると、それが「今、感じている不幸をストップさせる」最善の方法かもしれません。

さて、あなたは何を見つめ、どんな感じ方をしながら生きていくでしょうか。

まとめ

もしかしたら「足りないくらいでちょうどよかった」のかもしれない。そんなあなただから気づけたことがある。

31 挫折したら
──塩大福の思考

かつて自分は会社を興し、大成功して大金持ちになったのに、不況がやってきて会社は倒産してしまった。

過去の栄光と比べると、今の自分の境遇が辛く、情けない。

そんなふうに過去の成功と現在の挫折を対比して、思い悩んでいる人も少なくありません。

定年後、リタイアした人がうつになるのもこうしたケースのひとつです。

会社でバリバリ働いていたときは責任ある仕事、役職を任されていた。

たくさんの部下を抱え、頼りにされてもいたし、尊敬もされていた。

しかし、定年退職を迎えて一気にそれがなくなってしまった。
そんな喪失感を覚えている人は大勢います。
栄光を経験しているからこそ、今の自分が受け入れられない。
情けなくて、みじめで辛い。
そんなときは「塩大福」のことを考えてみてください。

塩大福の思考

甘いだけだと、だんだんうんざりしてくるでしょ。
だから塩っ気があったほうがおいしいよね。

老子の言葉

其《そ》の栄《えい》を知りて、其の辱《じょく》を守れば、天下の谷と為《な》る。

医訳

栄光を知り、それを心に刻んで、さらに屈辱を味わった人生こそ価値がある。

これこそ、世界中から価値のあるものが集まってくる「谷川の流れ」のような存在ではないだろうか。

栄光を知っていることはもちろん素晴らしい。

しかし、栄光だけを知る人生より、挫折や屈辱を味わった人生のほうがより価値がある。そんなメッセージです。

挫折や屈辱は辛いものですが、この老子の言葉は**人生や人間性の価値を表すひとつの本質**だと感じます。

別に慰めや励ましで言っているのではなく、もしあなたが人生に迷ったとき「成功しか知らない人」と「成功と挫折の両方を味わった人」だったら、どちらに相談したいと思うでしょうか。

やはりそれは後者だと思います。

たとえば会社で不本意な異動があったとき、順風満帆で、とんとん拍子で出世している友人にその相談をするでしょうか。

自分が精神的に苦しんでいるとき、同じような苦しみを経験し、それを乗り越えた人からこそ話を聞いてみたいと思うのではないでしょうか。

以前、「しくじり先生　俺みたいになるな!!」という自分の失敗談を語り、そこから何を学んだのかを紹介するテレビ番組がありました。**失敗を経験したからこそ見える景色がありますし、そんな体験談を多くの人が求めることも事実**です。

世界的に有名な「ケンタッキー・フライド・チキン」の生みの親カーネル・サンダースも、鉄道員、弁護士助手、保険営業、ガソリンスタンドの経営者などさまざまな仕事を経て、何度となく失敗しました。

彼が「ケンタッキー・フライド・チキン」という新たなビジネスモデルを始めたのは、なんと60代に入ってからでした。人生の多くを失敗に費やしてきたわけですが、でもそんな失敗の積み重ねがその後の彼の大きな成功を支えたのでしょう。

もしあなたが今、人生の挫折や屈辱を味わっているとしたら「ああ、これで少しは厚みのある人生になっていくなあ」「大きな成功に向かうプロセスかもしれない」「人間性がひとつ上がるチャンスだ」と達観してみてはどうでしょうか。

直面している挫折が大きければ大きいほど、屈辱が辛ければ辛いほど、人生の意味は深まっていきます。

塩大福だって、**少しばかり塩っ気があるからこそ、より甘さが際立つ**というもの。ずっと甘いばかりでは最後には食べ飽きて、おいしくなくなってしまいます。

私たちの人生にも、多かれ少なかれ「塩っ気」があったほうが味わいが豊かになります。

本当に強い人とは、辛い境遇にあるときでも、どんなに落ちぶれていても、自分を見失うことなく、自然のままに生きていける人。他人を妬んだり、羨んだりせず、**自分の境遇を嘆くでも、腐るでもなく、淡々とナチュラルに生きていける人**。

逆に言うなら、高み、成功しか知らない人は一見エネルギーがみなぎっているように見えても、その実、弱い人なのかもしれません。

まとめ

「成功と失敗」「栄光と挫折」の両方を知っている人は、おもしろくて強い。「高み」しか知らない人は、じつは弱い。

32

思い通りにいかなかったら

——てるてる坊主の思考

自分なりに一生懸命準備して完璧だと思っていたのに、成果がついてこない。
ついてこないどころか、散々な結果になってしまった。

もう何年も努力を続けているのに一向にうまくいかない。
この日のために、いろんなことを犠牲にしてきたのに、まったく意味がなかった。
誰にでも、そんな体験が多かれ少なかれあるでしょう。

人間関係においても、相手のことをしっかり考え、よかれと思って行動したのに、
かえって恨みを買ってしまう。

こちらにしてみれば、

「そんなつもりじゃなかったのに」

「相手のことを思ってやったのに」

と落胆してしまいます。


ひと言で表現するなら、世の中うまくいかないことだらけ。

そんなときは「てるてる坊主」のことを考えてみてください。

てるてる坊主の思考

1＋1＝2。

だけど、方程式通りになることばかりじゃない。

とくに自然のなかではね。

老子の言葉

天下《てんか》は神器、
為《な》すべからず、
執《と》るべからず。
為す者は
これを敗《やぶ》り、
執る者は
これを失う。

医訳

何事によらず、完璧にやり遂げて、
その達成のために努力するのは
よいことだが、
世界とは人間の力が及ばないもので、
思い通りにいかないものだ。
それを思い通りにしようとしたり、
自分のものにしようとしたりすると、
目標達成どころか、
ほろびの道になりかねない。

この言葉からはふたつの大きな意味を感じます。

やはりひとつは「完璧にやろうとするのはあまりよくない」とのメッセージ。完璧主義に対するアンチテーゼです。

自分なりにできる限りの準備をしたり、精いっぱいの仕事をしたりすることはたしかに素晴らしい。

でも**「完璧にしなきゃ、完璧にやらなきゃ」と思いすぎると自分や他人を追い詰めます。**

脚本家の橋田壽賀子《すがこ》さんは「自分は二流で、いい加減にやってきたから、ここまで来ることができた」と以前テレビで話していました。

橋田壽賀子さんを二流と思う人は少ないでしょうが、本人が言う「いい加減にやってきた」というのは示唆に富んだ表現だと感じます。

「完璧にやってきた」ではなく**「いい加減にやってきた」**。

このスタンスは、私たちも見習うべき点ではないでしょうか。

そしてもうひとつ。

老子の言葉からは「世の中、そんなに正しい因果関係で動いているわけではない」とのメッセージを感じます。

がんばったから、結果が出る。

努力したから、夢が叶う。

よかれと思ったことだから、相手に喜ばれる。

そもそも世の中とはそんなに方程式通りに成り立ってはいません。

晴れを願って、てるてる坊主をつるしたところで、翌日に雨が降ることはある。それが自然というものでしょう。

つい私たちは「こうしたから、こんな結果であってほしい」と願いますし、執着の強い人になると「こんなにがんばったんだから、こんな結果でなければならない」「これだけ相手に尽くしたのだから、感謝されて当たり前」と思うかもしれません。

しかし、**現実はよくも悪くも予想や期待を裏切るものです。**

相手には相手の感情や事情があり、こちらの期待通りの反応を示してくれるとは限りません。

もちろんがっかりしますし、落ち込みもします。

でも、そういうときこそひと息入れて**「ちょっと期待しすぎちゃったな」と軽やかにやりすごせる**ようになりたいもの。

てるてる坊主は、期待通りに願いを叶えてくれるものではありません。

自然はコントロールできないものですから。

しかし、一生懸命願いを込めててるてる坊主をつくる。

つまりは**「今の自分にできること」を懸命にがんばる。それ自体が美しいし、その時間が尊い。**そんな考え方もできるのではないでしょうか。

まとめ

完璧な準備をしたってうまくいかないことはある。よかれと思ったことが裏目に出ることもある。いつも、いつも「正しい因果関係」があるわけじゃない。

33

「生きがいがない」と感じたら

――鯉のぼりの思考

「生きている意味がわからない」
「自分には生きがいが何もない」
「何のために日々、生きているのか教えてほしい」

そんなことを話す患者さんもたくさんやってきます。
引きこもりの少年などはとくに「生きる意味」「生きがい」などについてよく聞いてきます。

生きる意味とは何なのか。

私たちはなぜ生きるのか。

そんな問いに答えられる人のほうがむしろまれだと思いますが、

「生きる意味を見出せない」

と真剣に苦しんでいる人が大勢いるのもまた事実なのです。

そんなときは「鯉のぼり」のことを考えてみてください。

鯉のぼりの思考

「楽しい」も「楽しくない」もないよ。
ただ、風に吹かれてるだけさ。

老子の言葉

道《みち》は常に為《な》す
無くして、
而《しか》も為さざる
は無し。

医訳

自然界にはそもそも
「このようにすべき」という意図はない。
それでいて、自然のすべてには
細大《さいだい》漏らさず
「なるようにしかならぬ」という
法則が張りめぐらされている。
そんなふうに「自然に任せて生きる」
ことで十分ではないか。

老子に言わせれば「生きる意味」や「生きがい」、ましてや「こんなふうに生きていかなければいけない」なんて道理はそもそも存在しないということです。**すべては自然のなすがまま。その大きな流れに身を任せて生きていくだけです。**

もちろん「自分の人生の意味」「生きがい」を感じている人はそれでいいと思います。しかし、それを持っていないことを嘆く必要はありません。

そこに優劣などないのです。

「人生を楽しむ」についてもそうです。

「何に対しても楽しさを感じられない」という症状・状態を精神医学的に「アンヘドニア」といい、精神疾患要件のひとつとなっています。

医師の立場からすれば「何にも楽しさを感じられない」「感情の揺れが起こらない」「自分の感情を感知できない」のはたしかに正常ではないでしょう。

ただし、もう少し一般的なレベルで言うなら**「楽しめない」のはそんなに問題なのでしょうか。**そんな疑問が残るのも事実です。

うつ病の診断基準には、アメリカからもたらされた「DSM」（精神疾患の診断・統計マニュアル）をよく利用しますが、DSMの第3版が発行された際、日本の精神科医の多くが違和感を覚えたのが「アンヘドニア」の部分でした。

DSMの診断基準に「アンヘドニア」は入っていますが、「本当にそんなに楽しまなきゃいけないのか」の疑念は拭えませんでした。

昨今「仕事は楽しくやるのがいちばん」との風潮が強まっているように感じます。

もちろん、楽しいのは素晴らしいこと。

しかし、「楽しまなきゃいけない」となると、それはまた別の話です。

漫才コンビ・オードリーの若林正恭さんはあるテレビ番組で「仕事を楽しまなきゃいけない」との風潮を**「エンジョイ・ハラスメント」**と呼んでいました。そんな彼の発想や発言に共感する人が大勢いるのも事実です。

アメリカでは、レストランで食事が運ばれてきたとき「エンジョイ！」と言われるくらいですから、「エンジョイしよう！」という文化が根づき、DNAレベルに組み込まれているのかもしれません。

しかし、それをすべての日本人に当てはめるのはやはり乱暴に感じざるを得ません。

人生や仕事が楽しめるなら、それもよし。

一方で、楽しめないからといって、とりたてて問題はない。

「楽しむ＝○」「楽しめない＝×」なんてジャッジはそもそも必要ないのです。

5月になると鯉のぼりがあちこちであげられています。

彼らの気持ちはわかりませんが、「楽しいから泳いでいる」とか「楽しくないけど仕方なく泳いでいる」なんてことはなく、ただ風に吹かれている。それだけではないでしょうか。

誰かが決めた「人生楽しもう！」の波にのまれる必要はありません。

人生に迷ったときほど、ただ風に吹かれている。それでいいのだと私は思います。

まとめ

「人生は楽しまなきゃ！」なんて大きなお世話。そもそも人生に意味なんてない。自然に任せて、ただ生きていけばいい。

34

今いる場所がつまらないと思ったら

——縁側の思考

自分は田舎暮らしでダサい。
田舎は不便だし、おしゃれな店も全然ない。
こんな場所は捨てて早く都会に出たい。

そんなふうに感じている人（感じていた人）も、いるのではないでしょうか。

田舎、都会の話に限りません。
自分は小さい会社に勤めているので、給料は低いし、福利厚生も十分じゃない。
友人や親戚に会社名を言ったところで、誰も知らないし、誰も「スゴい」なんて言ってくれない。

そんなふうに自分が「今いる場所」に不満を感じ、「そこから脱したい、もっと違う場所へ行きたい」と思っている人もいるかもしれません。

そんなときは「縁側」のことを考えてみてください。

縁側の思考

賑やかな都会ばかりがいい場所じゃない。
田舎の縁側でのんびりできるなんて、これだって最高だよ。

小国寡民《しょうこくかみん》。

医訳

人間は賑やかなところが好き。
食べ物も服装も大都会のものが好き。
しかし、老子は小さな国、人口の少ないほうがユートピアであるという。

※「小国寡民」を直訳すると「小さな国で人も少ない」となり、老子はこの言葉である種のユートピアを表現したと言われています。

小さな国で過ごし、いろいろとある便利な道具を使わない生活をして、命を大切にして生きる。自分の食べているものをおいしいと感じ、着ているものを立派だと思い、自分の住まいに落ち着いて、自分の習慣を楽しむ。

そんな生き方を老子は理想と捉えていたようです。

この言葉には**さまざまなメッセージが込められている**ようにも感じます。

とりわけ現代は文明が進化して、それこそ都会へ行けば必要なものは何でも揃います。田舎暮らしの人が都会での生活に憧れる。よく聞く話です。

しかし、そんな便利な都会暮らしが本当に豊かなのか。それが本当に幸せなのか。

老子は私たちに問いかけます。

それともうひとつ、「今いる場所への不満」について。

自分が今所属している組織やコミュニティに不満を持っている。そんな方もきっと大勢いるでしょう。

何が不満かと問われれば、愚痴や文句がとめどなく溢れてくるかもしれません。

では、**もし溢れ出た不満の一つひとつが解消され、すべてクリアになったとしたら、あなたは本当の幸せを手にするのでしょうか。**

きっとそうではないと思います。

そのときはまた新しい不満が生まれ、今と同じように愚痴や文句が溢れ出ているでしょう。

隣の芝生は青く見えるし、自分の家の芝生はいつも枯れて見えるものです。

でも、その感じ方自体が私たちを幸福から遠ざけているとは思いませんか。

大企業に比べて、小さな企業は足りないものがたくさんあるかもしれません。

隣の人に比べて、自分の生活は貧しく、ぜいたくなものを食べたり、着飾ったりすることはできないかもしれません。

あるいは、田舎には都会のような賑やかさはありませんし、有名アーティストのライブが行われることもないでしょう。おしゃれなカフェも、時代の先端をいくファッションアイテムを売っている店もないかもしれません。

でも、そんな暮らしにも素敵なことはたくさんあります。

夏の夕暮れ、縁側に座っていれば、都会よりずっと涼しい風が吹き抜けて、心地よく感じられるのではないでしょうか。澄んだ空気に身も心も癒やされるでしょうし、夜になり、見上げれば星がいっぱい見えるはずです。

これまた「田舎がよくて、都会が悪い」とジャッジするのではなく、**今自分がいる場所に「幸せのタネ」を見つける**こと。それが大事なのだと私は思います。

最後に少し大きな話をすれば、国を導いていくリーダーたちにも「本当に豊かな国とはどういうものか」を今一度考えてみてもらいたいところです。

まとめ

隣の芝の青さばかりを見ていても、幸せにはなれない。
大事なのは「今いる場所」で「幸せのタネ」を見つけること。

35 「おもしろさ」を感じられなくなったら
——モノクロ映画の思考

最近、何をやってもおもしろくない。
テレビを観ても、映画を観ても、
ゲームをやっても、動画投稿サイトを観ても、
ショッピングへ行っても、友だちと話していても、
なんとなくおもしろくなくて、気分が乗らない。

鬱屈した気持ちを発散するために、
〝自分へのご褒美〟でブランド品を買ったり、
友だちとカラオケに行ったり、

おいしいごはんを食べに行ったりするけれど、
やっぱり気持ちが上がってこない。

何不自由ない生活をしているはずなのに、どうにも人生や生活に張りがない。

そんな悩みを打ち明ける人が増えています。
そんなときは「モノクロ映画」のことを考えてみてください。

モノクロ映画の思考

ぜいたくや快楽は人の心を狂わせる。
質素で、シンプルなもののなかに味わいを感じることが大事。

老子の言葉

五色《ごしき》は
人の目をして
盲《もう》ならしむ。

医訳

たくさんの音が混じり合った
手の込んだ音楽は人間の耳をダメにする。
たくさんの味をまじえた
手の込んだ料理は味覚を損ない、
ギャンブルなどの快楽は人間の心を狂わせる。
手に入りがたいめずらしい品は
人間の行動を誤らせる。
それゆえ聖人は腹いっぱいになれば十分で、
楽しみを追うことをしない。
ぜいたくをするな。

この老子の言葉から私はふたつのメッセージを感じます。

ひとつはやはり「ぜいたくはよくない」「足るを知ることが大事」です。

おいしいものを食べたり、ブランド品を買い漁ったり、豪華な家に住んだりすることで、心まで十分に満たされるかと言えば、そんなことはありません。

一見すると、自分の欲望を満たしているように見えますが、**実際には「欲望を満たしている」のではなく「欲望がコントロールできていない」状態**だからです。

極端に無駄遣いする人を精神科的に「買い物依存症」と診断することがあります。「物が欲しい」というより買い物自体が目的となり、欲望がコントロールできなくなっているのです。

こうした散財を繰り返しているうちに破産する場合もあり、精神科的な治療が必要になることも多々あります。

人間の欲望は際限がなく、自分でコントロールするのはなかなかむずかしいものです。それだけに**「足るを知る」**を意識することは大事で、**人生をかけて修行するに値するほどむずかしいテーマ**でもあるわけです。

近年、テレビやパソコンの画質は目覚ましく向上し、本当に色彩豊かでクリアな映像を見ることができます。そんな映像に慣れてしまうと、昔の映画やテレビ番組を観て、その画質の粗さに驚くことがあります。

しかし、画像が鮮明になり、はっきり、くっきりすることだけが本当にいいのでしょうか。昔のモノクロ映画を観ていると、**やはりそこにしかない味わいを感じること**ができます。見た目や物質だけの豊かさを求めるのではなく、自分の心を育て、味わう感性を豊かにすることこそ大事なのではないでしょうか。

もうひとつ、この言葉から私が感じるのは「快楽やぜいたくに目を向けるのではなく、本当に自分がやりたいことを見つけることが大事」との視点です。

買い物依存症の方のなかには、買い物以外にやることがなく、**心が何もない状態に陥っている**ことがあります。

その状態から抜け出すには「本当にやりたいこと」を見つけたり、今自分がやっていることの社会的な意味を見出す。そんなアプローチが必要です。

以前、働かなくても生活ができる状態、いわゆる「FIRE」（ファイナンシャル・インディペンデンス・リタイア・アーリィ／経済的自立と早期リタイア）を実現している人に話を聞いたことがあるのですが、その人は「好きなことをして暮らしていけるのが楽しかったのは最初の半年で、それ以降は何か張り合いがなくなってしまった」と語っていました。

私たちが生きていくにはもちろんお金が必要です。ときにぜいたくを求めることもあるでしょう。しかし、物質的な豊かさだけでは「生きる意味」や「生きる張り合い」を感じることはできません。

自分の心を本当に満たしてくれるものは何か。

ぜひ一度、ゆっくりと考えたい問いです。

まとめ

物質的な豊かさを求めるより、味わう感性のほうが大事。自分にとって「本当に満たされる」とはどういうことか、考えてみる。

WORK 4

思い込みから解き放たれる ～水のワーク

心がモヤモヤ、ザワザワするとき、川や海へ行き、水の流れ、波の動きを眺めていると気持ちがスッキリするものです。

それだけ水には私たちを癒やしてくれる力があります。

水は常に柔らかく形を変え、何にも抗《あらが》わないようでいながら、それでいて生命の源であり、生きるエネルギーを感じさせます。

まさに最強の存在です。

そんな水を眺めながら、老子の「水の思考」を思い出すのはとてもいいリフレッシュになります。

とはいえ、なかなか水辺へ行くことができない方も多いでしょう。そんな方には、日常生活のなかで「意識して水を感じる」という方法もおすすめです。

たとえばお風呂に入ったとき。シャワーを最強にして、お風呂の水面を波立たせてみる。

水面にてのひらを合わせて、押したり引いたりしながら、表面張力を感じてみる。

朝起きて、コップ一杯の水を飲むときに「のど……食道……胃……」というふうに、水が伝わっていく冷たい感覚を意識してみる。

また、トイレなどで手を洗うとき、いつもより少し長めに手を水に触れさせてみるのもいいでしょう。

てのひらだけでなく手の甲にも当ててみる。

両手で水をすくい上げて、その感触を味わってみる。

そんないろんな方法で水に触れ、体で感じてみてください。

普段、当たり前のように接している「水」が、尊く、唯一無二である、すごい存在だと気づけるかもしれません。

そして段々と、自分のさまざまな思い込みがどうでもよく感じられてくるでしょう。

水の感触を肌で味わいながら「最近、水の思考を忘れていたなぁ」「老子の言葉を思い出そう」と思うだけでも十分。

滝行をしたわけではなくても、水と触れ合ったあとは、それだけでスッキリとした感覚を取り戻せているはずです。

WORK 5

「足りている」を実感する〜塩むすびのワーク

最近はコンビニエンスストアでも、具が何も入っていない「塩むすび」が売られています。

お腹がペコペコのとき、あえてそんな塩むすびを買って、目をつむってゆっくり食べてみてください。

これ以上ない質素な食事ですが、そこで感じることが必ずあるはずです。

ごはんは柔らかく、モチモチしているかもしれません。

よく噛むことで甘みを感じるかもしれません。

わずかな塩っ気でも、十分に味を感じ、満足するかもしれません。

これは何も塩むすびに限らず、日の丸弁当でも、素うどんでも、かけそばでもかまいません。

もっと言えば、天気のいい午後に公園のベンチに座って何かを食べれば、それが何かは関係なく、それだけで幸せな気分になれるものです。

大事なのは「幸福な境遇」に頼るのではなく、自分の身の回りにある「幸せのタネ」に気づくこと。

よく言われることでもありますが、じつはこの思考には練習が必要なのです。

朝起きて、職場へ着くまでにも本当はたくさんの「幸せのタネ」があるはずです。

天気がいい。

ご近所さんに気持ちよくあいさつされた。

電車が少し空いていた。

職場のエレベーターがすぐに来た……など何でもかまいません。

でも、日頃のアンテナが「自分は不幸だ」との前提に立っていると、「不幸な自分」

を感じさせる情報ばかりを集めてしまいます。

自分のアンテナが「幸せ情報」をキャッチできるようになる練習として、まずは「塩むすび」から始めてみましょう。

「おいしい」という感情は無条件で幸せな気分になれます。

「食べる」ことから始めてみるのはきっかけとして最適です。

焦りや不安がどうでもよくなる23のフレーズ

1

今という、いささか窮屈な時代を生きるには老荘思想のような、ちょっと肩の力を抜いて「抜け道をひょうひょうと進んでいく」ような心持ちがむしろ武器になるとすら思うのです。

2

「もしかしたら、私は自分の価値観を押しつけようとしているのかもしれない」と想像することがときには大切です。

3

周りは変わらないけれど、自分を変えてみる。
これは妥協ではありません。
より建設的に生きるために、自分の視点を変えることです。

4

業績を叩き出す人はたしかに素晴らしい。
でも、会社には事務的な仕事を回す人がいて、
給料の計算をする人がいて、
かかってきた電話に出る人がいて、
そういったさまざまな人の仕事があって
初めてその人は売上を出せるわけです。

5

「この雨だって、いつかはやむさ」と眺めていれば、
例外なく雨はやみます。絶対にやみます。

6

自分の気分が高揚しているときほど、
一度落ち着いて周りを見渡す。

7

あなたが欠点だと感じている部分は、
とんでもない強みであるのです。

8

身体を大事にするとは、
ひいては人生を大事にすることでもあります。

9

あなたが誰かのために「してあげた」という行為自体、
それだけで素晴らしいのです。

10

社会や常識に少しくらい適応できないからといって、
それが何だと言うんでしょう。

11

自分の役割の変化を理解し、何かの仕事を終えたなら、
自然の流れに身を任せ、次の人に委ねていく。
目の前にある境遇を受け入れ、自然に身を任せて生きていく。
そんなスタンスこそが「自分の人生」を楽しく、
したたかに生きていく術なのです。

12

心や体が疲れているとき、
それが大きくなる前にぜひ一度休んでください。

13

「ああ、自分は名もなき功績を残しているんだ」とこっそり、人知れず胸を張ればいいのです。

14

所詮はすべて相対的で、一時的なもの。

15

優れた戦略家ほど無闇に怒りをぶつけたりはしません。

16

「自分は何もしていない」と焦るのではなく、「『何もしない』をしているのだ」と考えてみてください。

17

人それぞれ、
結果を出すタイミングは違う。

18

人と比べてどうこうでなく、あなたがあなたらしく、
自然のままに生きること。
それこそが老子の教える「豊かさ」だと私は捉えています。

19

強がるのは「損」です。
弱い自分をうまいこと前に出していく工夫のほうが必要です。

20

水の弱さ、すなわち柔軟さがあるからこそ、
堅強なものに勝つ。

21

「あなたのがんばり」をいちばん見ているのは
「あなた自身」です。
あなたは、ただ純粋に
「自分が好きな自分」として振る舞っていればいいのです。

22

イヤなことをされたときほど
「ここは器の違いを見せてやる」。

23

結局人生とは
「感じ方」によって決まるもの。

おわりに

私が精神科医になったきっかけは学生時代の下宿先のおばあちゃんです。

当時、私は医学部の講義で細胞や臓器の話ばかり聞いて、ちょっと飽き飽きしていました。

そんな日々の暮らしのなか、おばあちゃんや下宿先の近所の人の悩み相談に乗っているうち「人の心っておもしろいな」と感じるようになってきました。

そして、精神科医になってアメリカに留学したとき、書店で運命的な出会いを果たします。それが、のちに翻訳することになる『いやな気分よ、さようなら』（デビッド・D・バーンズ著／星和書店）という本でした。

当時、うつ病の治療といえば薬を飲むしかないというイメージでした。

しかし、この本には「うつ病にかかる人には、かかりやすい考え方のクセがあり、それを修正していけば治る」といった内容が書かれていました。

おばあちゃんの悩みを聞いていたときのように、心のやりとりによって心の病気を治すことは可能かもしれない。

私はショックとともに強い希望を感じました。

ただ、この「認知行動療法」はあくまでも西洋からの直輸入。理論的で理屈っぽく、日本人に合わない面もあります。

そこで、もっと日本人が自然に身につけている東洋的な考え方を応用できれば、さらに効果的な精神療法ができるかもしれないと考えました。

そのときに出会ったのが老子でした。

老子が書いたと伝えられる書『道徳経』は、わずか5000字ほどで構成される薄い本ではありますが、美しい詩のような文体は文学作品としても白眉だと感じました。

読み終わったとき「これは人生を語る教えである」と思うと同時に「うつ病の予防法と治療法の本だ」とも思えました。

それが現在の治療と、この本の出版につながりました。

本書は、特定の病気を患う方のためだけではなく、広く人生の道しるべとして役に立つものになるよう工夫を重ねてつくりました。

僭越《せんえつ》ながら、できれば何度も読み返していただき、老子の「ジャッジフリー」思考をご自身のなかに置いていただければ、これほどうれしいことはありません。

また、執筆にあたり支えてくださったみなさまに心より感謝いたします。

野村総一郎

主な参考文献

『老子』（金谷治／講談社学術文庫）
『老子』（小川環樹訳注／中公文庫）
『老子 全訳注』（池田知久／講談社学術文庫）
『老子』（蜂屋邦夫訳注／岩波文庫）
『老子・荘子』（森三樹三郎／講談社学術文庫）
『「タオ＝道」の思想』（林田愼之助／講談社現代新書）
『老子の読み方』（渡部昇一・谷沢永一／PHP研究所）
『世界最高の人生哲学　老子』（守屋洋／SBクリエイティブ）
『超訳 老子の言葉』（田口佳史／知的生きかた文庫）

※本書に掲載した老子の言葉は右掲書等を引きつつ、読みやすさを考慮して読み下しています。

本書は2019年4月に刊行された『人生に、上下も勝ち負けもありません』（文響社）を文庫化にあたって加筆、再構成、改題したものです。

日経ビジネス人文庫

人生《じんせい》に、
上下《じょうげ》も勝《か》ち負《ま》けもありません。
焦《あせ》りや不安《ふあん》がどうでもよくなる「老子《ろうし》の言葉《ことば》」

2024年10月1日 第1刷発行

著者
野村総一郎
のむら・そういちろう

発行者
中川ヒロミ

発行
株式会社日経BP
日本経済新聞出版

発売
株式会社日経BPマーケティング
〒105-8308 東京都港区虎ノ門4-3-12

ブックデザイン
鈴木大輔、仲條世菜(ソウルデザイン)

本文DTP
ホリウチミホ(nixinc)

印刷・製本
中央精版印刷

Printed in Japan ISBN978-4-296-12038-3

サイパー 思考力算数練習帳シリーズ

シリーズ13

点描写《てんびょうしゃ》 1 新装版

立方体など

問題《もんだい》、定規《じょうぎ》をつかわないで、
そのままそっくりうつしましょう。

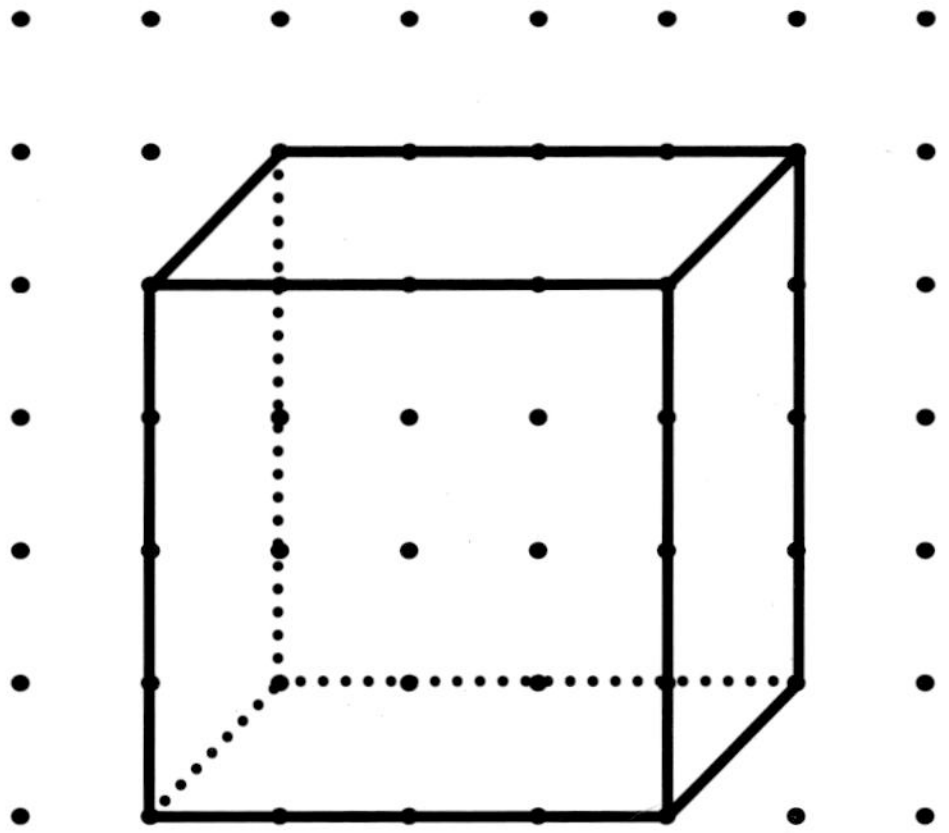

新装版